자원스님 수상집

절로 절로 저절로

자원 지음

우리출판사

절로
절로
저절로

들어가는 말

　십 년이면 강산도 변한다고 합니다.
　그만큼 세월이 무상하다는 의미일까요?
　일찍이 석가 세존께서는 세상만사는 반드시 변화한다고 했습니다.
　어느 것 하나 한순간도 머물러 존재하는 것은 없습니다. 다만 변화한다는 진리가 영원히 존재할 뿐입니다. 우리가 지탱하고 살아가는 삶의 모양다리는 참으로 천가지 만가지로 벌어져 있습니다. 잎새에 맺혀 있는 이슬 속에도 수천의 생명 가진 것이 있는가 하면, 만물의 영장인 인간에 이르기까지 산과 들의 알 수 없는 영원의 생명들이 어우러져 하나의 생명의 선상에 피어나고 사라져 갑니다.
　사라져 간다는 것은 죽음의 의미가 아닙니다. 죽음이란 종말의 뜻이 담겨져 있지만 사라져 간다는 것은 또 다른 형태로 그 생명이 변화되어 간다는 것입니다.
　산도 들도 계절 따라 각양각색의 얼굴들을 하고 있지만 결국 산이란 이름은 그대로 거기서 그 모양으로 우리를 맞이하고 있습니다.
　어른들의 삶을 마냥 궁금해하고 꿈을 먹고 자랄 즈음의 부처님과의 인연은 거침없는 세월의 흐름 앞에서도 참으로 크고 밝은 빛이었습니다. 티끌 세상 속에 부처님의 삶이 충만해져 있다고 믿어질 때 까만 밤은 이미 하얀 밤이 되었습니다. 단풍이 지는 스산한 느낌들이 가슴 밑둥치까지 파고들 때 제각각의 크기만큼 물건을 담아보고 그려보았습니다.

인간의 정신세계가 크다고 하지만 부처님의 영역을 벗어날 수 없습니다. 우리들이 알게 모르게 짓고 있는 죄업의 조각들이 스스로에게 주어진 고귀한 생명들을 삼악도에 쏟아붓고 있는 것을 알아야 합니다.

부처님은 지금 이 순간도 눈물을 흘리며 죽어가는 생명을 건지지 못함을 통탄하며 눈보라, 폭풍한설을 온몸으로 막고 계십니다. 어떤 인연있는 생명 가진 사람이 연꽃이 절로 피는 도리를 깨닫게 된다면 만 생명을 살리는 보살행자가 될 것으로 굳게 믿습니다.

　　이름없는 풀잎에 맺혀 있는 이슬도
　　작지만 커 보이는 들국화 향기도
　　모두가 생명의 스승이었으리라
　　하나도 좋으리
　　모두도 좋으리

　　오늘도 연꽃 향기는
　　죽어가는 생명을 살리고자
　　질퍽한 흙탕물을 지키며

불쌍한 인간의 생명을 바라보고 있다

여기 절로 향하는
행자는 거칠고 헐떡거리는
삼독의 굴레를
절로써 항복받는다

겨울 지나면 봄은
절로 온다.

쓰라린 삶의 뒤안길에는
행복이 절로 찾아드나니

절로, 절로, 저절로
진달래는 참꽃이 되고
진흙 속에는 연꽃이 핀다네.

단기 4330년 설날 새벽 햇살을 맞으며
자원 손모음.

목 차

• 들어가는 말

제1부 절로 절로 저절로

내 마음에 간직한 부처님 말씀 ──── 15
진실한 불자의 삶이란 ──── 17
푸른 신호등 ──── 21
죽음에 속지 마세 ──── 24
부처님의 삶으로 생각이 바뀌면 ──── 28
뭇생명의 해방과 나누는 기쁨 ──── 34
서원을 세우는 기도 ──── 42
모래밭에서 진주를 줍듯이 ──── 47
먼동이 터오는 희망에 몸뚱이를 맡긴다 ──── 52
행복하게 사는 길, 복 짓는 일 ──── 59
도반의 은혜, 스승의 은혜 ──── 62
신앙은 참되어야 한다 ──── 65
절로 절로 저절로 ──── 68
부처님, 기쁘게 해드리겠습니다 ──── 74
한 해가 저무는 길목에서 ──── 78
결혼, 꼭 해야하는가? ──── 82
몸과 마음 바쳐 기도하는 사람 ──── 87
신앙의 모양다리 ──── 91
진정한 미인이 되려면 ──── 95

제2부 더불어 사는 길, 화합

더불어 사는 길, 화합 —— 101
환착어본인還著於本人 —— 104
가섭의 미소 —— 107
선禪이란 무엇인가? —— 110
부처님과 함께한다면 —— 113
부처, 곧 인자하신 어머니 —— 116
보살을 친구삼고 —— 119
수효 행자의 하루 —— 122
기도란 무엇인가 —— 126
적게 먹고 적게 자야 하는데 —— 131
선禪의 제일은 공양주 선禪 —— 133
빛光 —— 137
사랑에는 원수가 없어야 한다 —— 141
불교는 사라지고 영혼의 아버지는 영원해야 한다 —— 144
복 없는 아이 —— 149
밥티의 소원 —— 166
도반의 소중함 —— 184
허공에 뜬 달이 일천강을 비추듯이 —— 187

제3부 열린 마음, 밝은 마음

정진의 등, 밝음의 등 —— 195
나도 농사를 짓소 —— 198
자비방생의 노래 —— 203
도둑이 든 횃불 —— 208
보살의 참사랑을 실천하려면 —— 213
번뇌는 곧 깨달음이다 —— 216
보살이 머무는 곳 —— 220
아침에는 예불하고 낮에는 풀 뽑고 —— 224
딸을 시집보내는 아버지의 마음 —— 230
젊은 도령아! —— 235
짓고 받은 업의 흐름을 찾아 —— 238
불자의 보은報恩 —— 243
대원본존 지장보살님의 눈물 —— 248
열린 마음, 밝은 마음 —— 252
넉넉한 차생활, 자연스런 차문화 —— 254
달이 차면 기울고 —— 258
엄마! 나 고매 안물끼다 —— 263

제1부

절로 절로 저절로

내 마음에 간직한 부처님 말씀

정토를 얻고자 하면 그 마음을 청정淸淨히 해야 한다. 그 마음의 청정함을 따라 불토佛土가 청정해지는 까닭이다.

—유마경 中—

옛 사람들의 이야기에 '남 따라 장에 간다'고 했던 것이 현대를 살고 있는 사람들의 세태를 꼬집어 말한 듯하다.

물질적으로야 세상살이가 30년 전과는 비교도 안될 만큼 풍족해졌지만 사람들의 정신은 300년 전 전제군주시대로 뒤떨어진 것이다. 이렇게 어려운 말법시대일수록 인류 역사상 가장 위대한 스승이신 석가세존의 법음이 더 생생하게 살아나야 하는데 참으로 안타까운 일이다.

그분이 이 땅에 오신 기쁜 날이 다가올 때면 난 더욱 귀한 말씀의 가르침을 그리워하게 된다.

온통 행복으로 가득찬 멋스런 말씀 '사물과 사람의 경계에 끄달리는 종속적인 것에서 스스로에 의해 행복을 다듬어가는 주체적인 능력을 키우라'며 친절히 길을 안내해 주신 것이다.

인간의 성품이 제 모습을 잃어가는 요즘 우리 불자들이 해야 할 일이 무엇인가?

소위 미륵불의 이름을 더럽히고 가만히 앉아 있어도 미륵불에 의지하면 만 가지가 다 이루어질 것으로 여기며 서양의 기독교 사상과 맥을 같이하여 종의 자리에 눌러앉은 불자가 허다하다.

부처님께서 중생으로 오신 뜻을 알고 말씀에 의지하여 스스로 닦아야 할 불자들 말이다.

장님에게는 태양의 밝음도 아무 소용이 없듯 어리석은 중생에게 미륵불이 출현하신들 우리가 그분을 알아볼 수나 있겠는가?

내가 주인이 되어 스스로 눈을 뜨고 미륵불이 되자. 그 누구도 구원을 대신해 주지 않는다.

본래 이 땅은 '정토'인데 단지 중생의 마음으로 더럽혔을 따름이다. 더이상의 오염을 막자.

기업가의 비뚤어진 상혼(재물욕)이 백성의 식수를 죽음의 물로 만들고, 정치하는 사람들은 정치라는 탐욕의 철창 속에 갇혀간다.

땀과 노동의 대가를 모르는 사람이 부동산 위에서 동사하고 만다.

끊임없이 애쓰고 거짓없는 삶을 살아온 사람들의 땅, 청정국토를 이제 밝음으로 여울지게 하자.

진달래빛 향음으로 부처님을 맞이하자.

진실한 불자의 삶이란

　본래 사람이 가지고 있는 마음자리를 갈고 닦아 인격을 완성하고, 나아가 사회와 나라에 밝은 빛이 되려는 큰 원願으로 오늘도 우리는 수행에 입각한 법회를 연다.
　육신이 세 끼 밥에 의지하여 지탱해 나간다면 보다 중요한 영혼은 무엇에 의지해야 하는 것일까? 영혼을 지탱해 나가야 할 문제에도 분명한 지침이 있다. 흔히 몇몇의 친구들이 모여 작은 계를 하나 결성하여도 계주가 있고 계원 모두가 지켜야 할 규칙이 있듯이 학교엔 교칙이, 나라엔 헌법이 있어 각기 목적에 따르는 지침이 잠정적이든 실질적이든 존재하고 있는 것이다.
　그런데 하물며 사람이 가야할 삶의 지침이 되는 종교의 계율이 얼마나 중요한가 하는 것은 더 말할 것도 없다.
　사회가 모순되고 병드는 현시대에서 순수한 인간성을 지켜

나가자면 종교를 신앙하는 종교인들이 인간의 정신을 올바로 하는 데 온 힘을 기울여야 한다.

그렇다면 참다운 종교생활이란 어떤 것인가?

우리 불자의 입장으로 볼 때 부처님 안에서 참다운 신앙을 갖고 생활하고자 한다면 다음의 세 가지를 소홀히 해서는 안 된다.

먼저 불자라면 부처님을 진실로 믿어야 한다.

세존께서는 이 땅 모든 중생을 당신과 똑같은 부처로 깨닫게 하기 위하여 끝없는 자비로써 구원의 실상을 나투신 분. 무엇보다 그분에 대한 무너지지 않는 믿음을 갖는 것이 중요하다. 어쩌면 한국불교의 가장 큰 문제점은 이 믿음이 결여된 데서 기인하는지도 모른다.

요즘 불교를 믿는다는 사람 중에는 불자라 보기엔 어려운 이들이 허다하다. 오히려 교리도 모르고 지순하게 믿었던 예전의 기복불교가 부처님을 향한 기원만은 순수했는지도 모른다. 오늘날 불교를 믿는다는 사람들이 기복이니 미신이니 하며 몰아세우지만 이 말법시대에 살고 있는 우리가 어떻게 그들을 비난할 수 있을 것인가?

믿음이 굳건해지면 다음으로 수행을 하여야 한다.

수행은 신앙을 구체화하는 작업이다. 믿음이 부처님에 대한 지극한 예경이라면 수행은 삶의 문제를 풀어가는 열쇠이다.

예를 들면 제련소에서 순금을 뽑아낸다고 할 때, 잡다한 광석을 순차적으로 제련하는 과정이라 하겠다. 아무리 금광석이 많이 있어도 잡다한 광석과 섞여 있으면 소용이 없다.

그것에 용광로의 엄청난 열과 고도의 제련 기술이 가해져야

만이 순금을 얻을 수 있듯이 수행의 끊임없는 노력이 없고서는 참다운 신앙생활을 기대하기 어렵다.

인간의 존엄성이 탈색되고 사람이 사람의 생명을 앗아가는 이 오탁악세를 우리는 어떻게 극복할 것인가? 인간의 문명이 극에 달하고 정신이 병들어가는 요즘 우리는 초와 향을 사르고 '저 좀 잘되게 해주십시오' 하면서 절만 하면 그것으로 그만인가?

수십 년 익혀온 습관을 어찌 쉽게 버릴 수 있으랴만 그렇게 밖에 살지 못하는 운명의 한계를 극복해야만 한다. 내가 주체가 되어 삶의 새로운 의식을 창조해야 한다. 그러자면 수행이란 어려운 관문을 훌쩍 뛰어넘을 일이다.

육신의 생명을 지탱하기 위해 8시간, 10시간 일을 하는데 정신의 양식을 채우기 위해 우리는 얼마만큼의 시간을 할애하는가?

이 땅에 전도선언이 있은 지도 2천 년이 되었다. 불교로서는 어두운 밤이었던 조선 500년이 지난 지도 오래다.

오늘날 우리 새로운 불교운동의 동지들아!

언제까지 감나무 밑에서 홍시 떨어지길 기다리며 입을 벌리고 있을 텐가? 말로만 수행하지 말고 나무 위로 올라가 감을 딸 수 있는, 몸으로 부딪혀 수행할 수 있는 불자가 되어야 하지 않겠는가?

마지막으로 믿음과 수행을 수렴하는 회향을 빼놓을 수 없다. 회향은 바치는 마음이다. 수행을 통하여 얻어진 힘을 다른 이에게도 전하여 이웃의 아픔과 기쁨을 함께하는 포교이다.

그 옛날, 포교의 길을 떠나는 부루나를 향하여 세존께서는

진실한 불자의 삶이란

말씀하셨다.

"부루나야, 만약 수루나 사람들이 너에게 돌팔매나 무기로써 죽이려 한다면 어떻게 하겠느냐?"

그러자 부루나는 "예, 세존이시여. 참으로 수루나 사람들을 은혜롭게 생각하겠나이다. 이 육신의 무거운 업보를 벗고 열반락을 선물한 것으로 알겠습니다."라고 대답하였다.

우리는 부끄럽게 여겨야 할 것이다. 부루나존자의 이런 자세를 가슴으로 받아들여야 할 것이다.

지금 이 순간에도 발고여락拔苦與樂의 원불, 관세음보살님은 오직 모든 중생이 고통에서 벗어나게 하기 위하여 존재하신다. 오직 중생의 행복과 이익을 위해서 지옥문을 지키시며 마지막 남은 중생까지도 제도하려는 원으로 당신의 능력을 바치고 계신 지장보살님이 계신다.

그렇다.

우리는 부처님의 일점 혈육인 불자임을 한시도 잊어서는 안 되겠다. 중생의 어버이가 부처시라면 부처의 어버이는 중생이 아니던가?

한생각 바꾸어 부처님을 알지 못하는 이들에게 끝없이 전하고 포교하는 회향심으로 수행의 공력을 꽃피울 때, 비로소 믿음으로, 수행으로, 회향으로 한 사람의 진실한 불자가 태어나는 것이다.

당당하게 나아가자.

환락과 아귀, 전쟁, 내가 가면 불국정토 되리니….

푸른 신호등

　당신이 지금 서 있는 곳은 우물 안인가, 아니면 우물 밖인가? 선 채로 굽어보면 하늘과 땅이 맞닿는 지평선이 보이는가? 당신이 딛고 서 있는 발밑은 천왕봉인가, 그렇지 않으면 22평짜리 벌집인가?
　자신이 어디쯤에 서 있는가를 돌아보고 살펴보는 사람이 흔하지 않은 요즘 세상이다. 인간의 문명이 극대화되어 마음만 먹으면 달나라나 다른 별에도 어렵지 않게 간다는 세상.
　그런데도 우리 사람들 살아가는 가슴은 어디쯤에 와 있는가? 아직도 아들을 낳을 욕심으로 가득한 젊은 부부가 허다하고, 돈 몇 푼 때문에 사람 목숨을 빼앗는 일을 흔히 본다. 그저 그렇게 사회가 그러니까, 세상이 그러니까 하면서 휩쓸려 다니고 그러면서 서민 대중이 현 지도자를, 근로자가 기업인을 비난하고 윗자리 선 이들은 정치권과 경제권을 내세워 그들을 짓누르고 있음이 요즈음의 세태에 묻어가는 일이다.
누구를 탓하고 누구를 원망하겠는가?
사람은 사람으로서 스스로 인품을 가꾸고 지켜야 한다. 세상을 탓해서도 그 무엇을 탓해서도 옳은 일이 아니다.
세상 사람들 마음의 흐름을 좌지우지하는 TV는 우리 사회의 요물이 되고 있다. 한낱 물건에 지나지 않는 기계를 탓하자는 것이 아니라 우리들 스스로 그 요물의 노예가 되어가고 있음이 안타까울 뿐이다. 범죄를 더욱 부채질하고 동심을 멍들게 하는 형사 프로 앞에서, 억지웃음을 자아내게 하는 코미디 프로 앞에서 우리의 아이들이 참 웃음을 잃어가고 있다.
이것을 누구의 책임으로 돌릴 것인가?
사람에게 가장 무서운 적은 습관이다. 자신도 모르게 몸에 밴 나쁜 습관은 아편과 같다. '세 살 버릇 여든까지 간다'는 속담이 하루 이틀에 생겨난 말이 아님을 새겨야 하겠다.
하루 온종일 TV 앞에 앉아 있는 습관, 자신도 모르게 온통 정신을 빼앗기고 안 보면 좀이 쑤시는 것도 모두 그런 습관에서 기인된다. 이러한 것들이 몸에 배어 하나의 사고의식으로 변하고 나아가서는 사회의식으로 굳어지게 됨은 더 말할 것도 없다.
어떤 모습을 사람의 기준으로 삼을 것인가? 참다운 인간의 도리는 또 무엇인가?
이 나라 가장 큰어른은 범죄와의 전쟁을 통하여 악을 종식시키겠다는 포부를 펴보였다. 악을 종식시키는 일이 과연 총으로 가능할까?
그렇지 않다. 당신 스스로가 백성의 모습으로 살아야 할 것이다. 골프장을 추방하고 고위급 인사들의 연회석을 시골 장터로 할 때 범죄는 자멸할 것이다. 딸자식 부잣집으로 시집 못 보낸 것을 창피스럽게 생각하는 고루한 생각이 아직도 이 사회에 남아있는 한 우리는 근본적으로 행복할 수 없다.

한결같이 남 위에 서기 위해 죽이고 속이는 행위가 계속될 것이고 범죄는 남을 수밖에 없다. 남들 다 가는 시집 나도 가보자는 식의 자학, 남들처럼 자가용 못 굴릴 것도 없다는 자만이 바뀌지 않는 한 우리 사회의 모순을 극복하기란 어려운 일인데 하물며 개인의 불행인들 막을 수 있을 것인가?

부처님께서는 티끌만큼의 모순도 용서 않으셨고, 오직 진실만을 말씀하셨으며 또 실천하셨던 분이다. 그분의 말씀을, 가르침을 깊이 새겨 실천하지 않는다면 우리는 횡단보도를 무시한 보행자의 생명이 되고 말 것이다.

푸른 신호등이 천 번 켜지고 만 번 켜져도 이를 무시하고 길을 건널 수 없듯이 부처님의 가르침도 그처럼 우리들 생명의 온전한 길잡이다.

죽음에 속지 마세

　화장막에서 만난 사람.
　숨이 정지된 사람이 드러누운 나무곽을 화구 속으로 밀어넣고 두어 시간이 못되어서 해골 하나, 타다 남은 뼈 몇 조각으로 나툰 그를 위하여 요령을 흔든다.
　무엇을 슬퍼하고 무엇을 기뻐하랴.
　얼마 전까지만 해도 희망찬 이야기를 하던 사람.
　생명, 참으로 이런 것일까?
　아무리 인생이 거짓과 거짓으로 연계되는 연극이라 하지만 한줌 분쇄된 가루로 뿌려지는 한 인간의 마지막 모습을 보면서 번뇌가 또아리를 튼다. 나도 가야하고 너도 가야하는데 가지 않을 것처럼 착각하는 관념의 틀을 깨고 자유의 세계로 나설 수는 없을까.
　오늘 한줌의 재로 눈 내리는 산에다 뿌려진 그 사람의 자식 사랑은 남다르게 애틋했다.

본인도 생명의 연장을 포기라도 한듯 자신의 주변을 정리하다가도 마지막 순간의 사선을 극복하려는 힘이 쏟아지는 마당에도 당신이 떠나고 난 자리에 살아가야 할 가족들에 대한 집착을 놓지 못했다.

그러나 결국 그토록 자신의 삶을 염려하던 한 생은 잿가루로 뿌려지고 남은 그들의 모습은 의젓했다.

죽은 자만 불쌍하고 산 자는 어떻게든 살아간다는 할머니의 이야기가 귓전에 맴돈다.

이것이 존재의 분상에서 흩어질 때 저것은 새로운 생명의 선상에서 적응이란 이름으로 새로운 관계를 정립하며 살아진다.

80 평생을 지탱해 온 노인께서 삼십대 손자의 큰절을 받다 말고는 할아버지가 되려 손자에게 절을 하신다.

할아버지께서 노망이 드셨나 싶어 의심이 되기도 하지만 반사적으로 할아버지를 다시 모시고, 자초지종을 묻는 손자에게 "내가 이제 갈 때가 다 되었으니 나는 새롭게 아이로 태어나고 너는 어른이 되니 미리 어른에게 세배를 올린다."고 하셨다.

우리는 늘 오늘의 주어진 현실을 그대로 받아들이는 자세가 결여된다. 그리고 자신의 과오를 인정하기보다는 상대에게 전가시키려는 못난 버릇이 있다.

중생은 끊임없이 번뇌를 멀리하려 하고 고통을 거부한다. 그러나 보살은 번뇌를 즐기고 고통을 양식으로 삼아 보살의 길에서 번뇌와 고통을 찾아나선다.

내가 고통에서 벗어나고자 할 때, 그 고통에서 영원히 벗어날 수가 없다. 스스로 고통을 찾아 그 삶을 함께 나누어 가질 때 그 속에 참된 삶의 길이 열리고 깨달음의 빛이 밝게 드러나리라.

기도는 복된 삶을, 복을 얻어 가지려 하는 데 있지 않고 복을 짓는 데 있을 것이다.

부처님처럼 일체 중생에게 고통을 여의게 하여 기쁨을 주고 편안한 삶이 되도록 발원하고 엎드려 예배 공양한다.

해골 하나와 뼈다귀 몇 조각의 분상이 되어 만난 사람을 보면서 새삼스레 부처님의 가이없는 가르침이 뜨거운 감정을 일으킨다.

왔다가 저렇게 갈 것을….

너도 나도 모두 그렇게 갈 것인데 누가 누굴 두고 슬퍼하며 통곡하랴.

눈물 속으로 깊이 비추어서 자신의 모습이 보여질 때 한줌 가루로 날려가는 사람의 변화된 형상을 본래의 분상으로 돌려줌이라는 깨달음으로 탄생될 것이다.

겨울인데도 목련이 피고 진달래도 붉은빛으로 핀다.

욕망의 바다에 떠 있는 현실을 두고 죽음으로 서 있는 그리운 님께 편지를 쓴다.

조용하다고 좋아하지 마소.

바다에 떠 있는 주제도 모르고 좋고 나쁜 분별을 짓는 것은 저승사자도 데리고 가지 않는다고 하오.

무엇보다 자신을 변명하려 한다는 것은 갈매기란 놈이 뻘 속에 박혀 있는 조개를 흉보는 것과 같으오.

쌀 한톨 정미하지 못하고 황금빛에 녹아 떨어진 당신의 분상을 챙겨들지 않고는 영원히 그 속에서 나오지 못할 것이오.

세상 사람들 모두가 파초의 푸른 꿈을 간직하고 산다고들 하지만 당신이 나에게 처음 만나 일러준 도우의 도타운 정을 어찌 잊으리요.
　어쩌면 내가 당신에게 진 빚을 갚은 양이라고 해둡시다.
　망상은 망상을 부르기에 하는 이야기인데 해골더미 앞에 흘리는 눈물을 마르게 할 양으로 저 솔잎 하나 의지하며 고향으로 가는 날 우리 함께 봄소식을 띄우도록 합시다.
　다짐해 두고 싶은 이야기는 죽음에 속지 말고 먹물로 포장하지 않았으면 좋겠소.

부처님의 삶으로 생각이 바뀌면

　마을 어귀 무논에서 겨울 썰매를 타다 얼음구멍에 빠져 온통 옷을 물에 적시고 흙이 묻은 채로 집에 돌아가 할아버지 꾸중 대신 홍시를 맛있게 먹던 때가 그리워진다.
　지금은 어떻게 변해 있을까?
　할아버지도 그립고 그때의 정겹던 시골의 모습도 보고파진다.
　수행자에게 어릴 적 시골은 살포시 배어 있는 향내음처럼 언제나 감미롭다. 설을 앞두고, 시골 5일장에서 차례를 지낼 음식이며, 어린아이들 옷가지며, 신발을 준비하시던 어른들의 모습이 마냥 다사롭고 넉넉한 감사로 충만했다.
　길게는 두서너 달, 짧게는 보름에서 한달 정도는 설을 준비한다.
　코흘리개 우리들에게는 어쩌다 고무신 한 켤레라도 사주면 선반에 올려두었다가 잠자다가도 일어나 신어보고 가슴에 품고 자기도 하며 마치 신주단지 모시듯 좋아하고 설레던 모습들….

 요즘에도 볼 수 있을까?

 설날. 참으로 가슴 설레고 뽐낼 수 있었으며, 맛있는 음식을 배부르게 먹을 수 있었던 기쁨을 생각하면 지금도 차례상에 잘 차려진 밤 감 등이 입맛을 돋군다.

 설이라 해서 수행자에게 특별한 의미를 가져다주는 것은 아니지만 세연世緣의 굴레에 묻어 사는 사람이라 어릴 적 기억들이 새롭기도 하다.

 해방 이후 정치적 경제적 소용돌이 속에 알게 모르게 참으로 사람이 갖추어야 할 것들을 너무 놓치고 살아왔다. 생존이란 이름 아래 생명을 준비하기 위한 처절한 몸부림으로 급기야는 인간적 삶의 영역을 송두리째 빼앗긴 채 겨울 들녘의 황량한 바람만큼 차갑고 매서운 사람이 되고 말았다.

 어느 시인의 노래처럼 '빼앗긴 들에도 봄은 오는가' — 우리들의 말라버린 인간성을 돌려받을 수 있을까?

 오래 묵혀 쓰지 않던 우물에서 물을 다시 길어먹기까지는 많은 시간과 노력이 요구된다. 설사 그 우물을 원상복구했다 하더라도 마을 사람이 함께 사용하여야 우물의 역할이 되살아나 좋은 식수로 사용되겠지만 소수의 노인들에게는 번거롭기만 하고 별반 쓸모없는 우물로 다시 전락되고 말 것이다.

 우선 배를 채울 수밖에 없었던 그 시절에 그래도 사람의 정리情理는 살아있었다. 정성껏 준비한 설빔으로 차려입고 마을 어른들께 이른 새벽부터 세배드리던 풍습은 가히 사람 사는 멋이라 할 수 있었다.

멍멍이란 놈도 꼬리를 흔들며 주인 마님을 뒤쫓던 모습이 풍속화의 고담이 아닌 현실의 진솔한 삶이었다.
　마을에서 살림살이가 조금 넉넉한 집 대청마루에는 온 마을 장정들의 일대 놀이판이 벌어지고 윷이냐 모냐 하는 막걸리에 젖은 탁한 음성들이 사람 사는 재미라 할 수 있었다.
　꽃 달린 고깔을 쓰고 오색의 띠를 엇비슷 어깨에 두른 걸립 패들이 징과 장구를 두드리며 신명나게 집집마다 돌며 걸립을 하여 가난한 이웃 외로운 노인들을 도와 기쁘게 해주던 인정.
　"개문만복래開門萬福來."
　항상 열려있는 집일수록 만 가지의 복이 들어온다는 이야기는 요즘 시대에는 격세지감을 느끼게 한다.
　다층식주택(아파트)은 아예 이중 삼중으로 만들어진 철대문으로 죄인들이 산다는 교도소 철문보다도 무겁게 느껴지고 문명의 이기가 빚어낸 부산물들이 목소리보다는 화면을 통해 확인을 해야 겨우 철대문은 열려지는 것이다.
　개인주택은 세상 사람은 온통 믿을 수 없다는 듯 철조망으로 둘러쳐지고 저 흰색 담벼락보다 더 높이 올라가고 쥐새끼 한 마리 얼씬할 수 없는 그들만의 공간이 확보되어야 안심하고 살 수 있다고들 한다.
　이러고서 부富와 권력權力이 있다고 한들 무슨 소용이 있을까.
　내가 부자일 수 있고 명예가 있다는 것은 서민 대중이 있음이고 평범한 백성이 존재함으로써 부상되어질 수 있는 것이 아니던가.
　부를 뽐낼 수 있는 장농이나 장식물을 만들고 있는 사람들이 누구인지 생각할 수 있다면 망상은 필요가 없을 것이다.

얼마전 목뼈가 아파 고생을 하시는 어느 거사님께서 좀더 사람다운 생각을 가지고 사람 노릇하면서 살고싶다며 상담을 청해 왔다.

이런저런 이야기 끝에 《금강경》 독송 수행을 하기로 약조하고 사람답게 살겠노라는 서약까지 하게 되었다.

어느 날 그 거사님께서 아주 즐거운 표정으로 몇 년을 두고 고생한 목이 어느 날 낫게 되었다면서 감사의 뜻을 전해왔다.

'내가 이래도 사장인데'라는 아만심으로 사원을 대하고 다른 사람들에게도 목에다 힘을 주고 자기 잘난 맛에 살았다는 생각이 확연히 드는 순간 참회의 눈물을 흘렸고, 모든 사람을 부처님 모시듯 하라는 법문이 떠오르면서 부처님의 은혜가 한량없고, 가르침을 주신 스승의 자리가 그렇게 거룩하게 느껴졌다고 한다.

일어나서 몇 번을 절하고 또 절을 하면서 감사와 참회의 기도를 하고 나니, 자신을 괴롭혀오던 목이 부드러워지고 통증이 없어졌다는 신앙체험을 들려주었다.

무엇보다도 우리에게는 신앙생활이 필요하다.

신앙은 탁월한 인내와 노력이 따라야하고, 인생에 대한 진지한 의문이 제기되지 않는 사람은 가질 수 없다.

신앙을 가졌다는 것은 행복하게 살겠다는 의미이고, 주어진 삶을 진실하게 가꾸어 보겠다는 의지의 발로라 하겠다.

자칫 불보살의 은혜가 영험이란 이름으로 잘못 생각되기도 하지만, 알고 보면 우리는 늘 은혜와 가피를 누리면서 살고 있다.

그것은 부처님께서 따로이 점지해 주시는 것이 아닌 부처님의 삶으로 생각이 바뀌어갈 때 나타나는 능력의 발휘일 뿐이다.

오천 년이란 긴 역사 속에 지구촌에 살아남은 향토민족의 후예로서 누구보다도 부처님 제자로서는 편협하리만치 단군 성조의 후손된 긍지가 대단하다. 그러므로 단기 연호를 고집스레 쓰고 음력으로 생활을 한다. 그래서인지 무엇보다 설은 아직도 설레임과 기쁨으로 다가온다.
　고무신 한 켤레에도 꿈과 감사로 가득했었고, 할머니께서 사다 주신 옷가지 하나에도 하늘을 나는 새가 되기도 했었다.
　한없이 넓어 보이던 베껏마당(동네 큰마당)에서의 자치기며 공개(팽이) 돌리기가 마냥 즐거운 놀이였다.
　집집마다 대문이라야 고작 싸리문 정도였고 대개의 집들은 담장도 대문도 없던 시대가 불과 30여 년 전이라면 전설 같은 이야기일까?
　가난해도 서러워하거나 탓하지 아니하고, 조금만 넉넉해도 이웃과 함께 울고 웃으며 살던 세상으로 기억되어진다.
　굳이 설이 아니라 해도 고통 분담이라는 거창한 문구가 우리의 마음을 짓누르는 그런 것이 아니었다.
　사실은 고통 분담을 떠들어대는 사람들이 고통을 내가 지겠다는 각오가 되어야 우리의 설은 지난날을 참회하고 내일을 새롭게 설계하는 희망으로 펼쳐질 수 있다.
　누가 누구에게 고통을 나누어 갖자는 이야기인가? 정말 아리송한 이야기다. 설은 우리 민족에게 있어 조상에 대한 은혜와 감사, 그리고 주어진 삶에 대한 보다 진실한 모습을 가르치는 교훈의 장이 된다.
　육신을 떠나 흙으로 돌아간 그곳에 계신 조상을 생각하고 흙의 조상에 예배하고, '할아버지, 손자 잔 올립니다.' '어머님, 며느리 왔습니다.'라면서 공양하고 조상들에 대한 경건한 마음을 새삼 고취시켜 옷깃을 여미게 하는 시간이다.

얼마나 성스러운 모습인가.

가까이는 마을 뒷산에서 멀리는 십 리, 이십 리, 백 리 길을 걸어 두루마기를 걸치고 풀섶을 헤집으며 할아버지를, 증조부를, 할머니를 찾아 자주 찾아뵙지 못함을 참회하고 흙의 할아버지께 은혜 주심을 감사하고 발원한다.

우리 민족만이 갖는 무한 생명의 발로이다.

흙에서 조상의 은혜와 감사를 느끼는 민족이기에 종교적 성향이 강한 성품이 우리의 피 속에 면면히 흐르고 있다.

일찍이 원효 스님께서도 깨달음을 얻은 뒤 어머니 묘소에 엎드려 예배하였고 진묵대사는 어머니의 묘소를 조성하여 만 백성의 공경을 받게 하였다. 한 해의 시작이 정월이라면 설 또한 설빔의 정신으로 살자는 일대 염원이 된다.

우리의 아이들을 흙먼지 속에 마음껏 뛰놀게 할 때, 개혁이란 이름도 사정이란 바람도 하얀 눈 속에 묻혀지리라.

한풍의 겨울 추위도 계절의 시점으로 느껴와 설빔의 희망과 더불어 움트는 악동을 부추기리라.

　　다래집(달집)에 불이야
　　다래집에 타는 불길 속에 재난도 액난도 사라지고
　　다 타고 남은 잿빛 속에
　　구도의 번뇌가 고개를 든다.

뭇생명의 해방과 나누는 기쁨

목련은 또 부처님께 여쭈었다.

"어머니가 개의 몸을 받아 고생하니, 어떻게 하여야 개의 몸을 여읠 수 있겠나이까?"

부처님께서 대답했다.

"목련아, 7월 보름날에 우란분재를 행하면 너의 어머니가 개의 몸을 면하리라."

목련은 또 세존께 물었다.

"세존이시여, 무슨 까닭으로 13일이나 14일을 정하지 아니하고, 7월 보름날을 택하라 하시나이까?"

"목련아, 7월 보름날은 대중이 여름 안거安居를 해제解制하는 날이라, 즐겁게 한 곳에 모여 너의 어머니를 천도하여 정토에 태어나게 하리니라."

목련은 즉시 부처님의 분부대로 버드나무와 잣나무 가지를 사서 우란분재를 차리니 어머니가 개의 몸을 여의었고, 부처님 앞에 마주앉아 5백계를 받으면서 '원컨대 어머니는 사마邪魔한 마음을 버리고 정도正道로 돌아오소서' 하고 빌었다.

우란분절의 유래와 의미

녹음이 짙어가는 여름.

수많은 수행자들이 하안거를 해제하며, 신통이 자재한 목련존자가 베푸는 우란분재盂蘭盆齋에서 함께 기뻐하는 모습이 눈에 선하다.

이 뜻깊은 날의 의미를 흔히 조상천도 정도로 축소 해석하는 경우가 많은데 어쩌면 우리 불자들에게는 그 의미가 재조명되어야 하고 현실 생활 속에 새롭게 뿌리내려야 할 명절인지도 모른다.

목련재일, 우란분절, 백중百中, 백종百種 등 명칭이 가장 다양한 명절 중의 하나인 칠월 보름.

몇 가지 명칭의 유래에 관하여 살펴보자면 먼저 '목련재일'이란 말 그대로 부처님 당시 십대제자 중 신통제일이었던 목련존자의 이름을 딴 것이다. 이날 재를 베풀게 된 유래가 《목련경》에도 잘 나타나 있듯이 지옥고를 받는 어머니를 구원하기 위해 지극한 효성의 주인공 목련존자가 재를 베풀었다 하여 그러한 명칭이 붙여졌다.

그리고 '우란분절'이란 명칭은 구체적으로 이날의 깊은 의미를 상징하는 것이다.

'우란분'은 '거꾸로 매어 단다'는 뜻으로, 그 거꾸로 매달려 고통받는 것을 풀어 바르게 세움으로써 고통에서 벗어난 삶을 산다는 것이다. 나아가 어리석어 잘못 보고 착각하는 중생심을 버리고 자성광명으로 나아가는 날이기도 하다. 칠월보름, 우란분절을 맞아 거꾸로 생각하고 살아온 모습들을 돌아보아야 할 것이다.

부모님의 은혜를 모르고 가슴 아프게 해드렸던 일, 나 하나 기쁘자고 타인의 행복을 짓밟았던 일, 알게 모르게 지었던 모든 죄를 참회하고 밝음으로 나아가는 날이 바로 이날이니 정신을 바로 차리고 보아야겠다.

불자라면 적어도 이 우란분절의 의미를 깨달아 나 자신부터 돌이키고 내 이웃에게도 깨우치는 노력이 있어야 하겠다.

이날의 윤리관만으로도 능히 이 사회의 병을 구완하는 깊은 뜻이 담겨있기 때문이다.

백중의 윤리관, 더불어 사는 세상

다른 하나는 '백중'으로 '성스럽게 선행을 하는 사람들이 지옥에서 고통받는 중생을 위해 바른 법을 편다'는 뜻을 갖고 있고, '백종'은 많은 사람들을 위해 재물을 베푼다는 의미이다.

목련존자께서 많은 수행자들에게 음식을 베풀어 복을 지었듯이 무엇이든 베푸는 마음을 연습하는 날이기도 한 칠월 보름날. 우리들의 마음가짐은 어떠해야 할까. 한번쯤 생각해 보아야 할 것이다.

사실 우리의 토속신앙인 칠성신앙에 밀려 우란분절의 의미가 제대로 인식되지 못한 채 단순히 조상의 제사를 지내는 날로 인식되고 있는 것이 현실이다. 따라서 이를 좀더 확대된 의미로 부각시켜 부처님의 가르침을 대중 속에 새롭게 뿌리내리게 하는 것이 바로 우리 불자들의 과제이다.

그리고 여기서 '조상'이라는 의미도 직계로 국한된 것이 아니라, 이 땅에 살다간 모든 이들, 동업중생을 다 포함하는 것으로 삼세를 돌고 돌아 인과윤회에 얽혀 사는 중생의 입장에서, 더불어 사는 사회를 일굴 수 있는 윤리관으로 보는 것이 좋겠다.

너와 내가 따로 없다는 호혜평등, 그것이 바로 부처님의 귀한 가르침이다. 지금까지의 불교, 출가자의 길이 사회 대중과는 전혀 별개라는 모순된 모습을 보여왔다면, 오늘의 우란분절을 새로이 인식하여 거꾸로 된 불교를 바로 회복하는 감로 법문이 되게 해야겠다.

베풂으로 세상의 탁류를 정화하자

흔히 선불교가 수승하다고 주장하는 불자들 가운데 '공덕'이라든다 '복'이란 단어에 부정적인 반응을 보이는 이가 많다.

'도'를 구하지 않고 '공덕'이나 '복'에 너무 치중하는 것은 문제가 있지만 분명 베푸는 것은 공덕이요, 복이므로 쉽사리 가볍게 여길 수 없는 일이다.

'귀의불歸依佛 양족존兩足尊' 하지 않는가?

삼계도사 사생자부이신 부처님께서는 지혜와 복덕을 모두 구족한 분이시다. 복을 닦지 않고 지혜를 구하는 것은 사막에다 소나무를 심는 격이니 그 어느 것도 소홀히해서는 안된다.

목련존자께서 지옥고를 받는 어머니를 구할 때, 개의 몸에서 벗어나게 하고자 백 가지 음식으로 공양하고 재를 베풀어 커다란 복전을 지은 공덕으로, 끝내는 어머니를 천상에 나게 한 《목련경》의 내용을 가슴으로 읽고 새길 일이다.

마른 뼈 한 무더기에 오체투지로 예경하시는 세존의 효성을 기린 《부모은중경》 역시 우리들에게 부모님의 은혜를 깨닫게 하기 위한 적절한 내용이어서 이 날의 의미를 새겨보는 데 좋은 지침이 되리라 생각한다.

이름도 성도 알 수 없고 언제 죽어서 해골이 되었는지도 알 수 없는 사람의 유골을 전생의 부모라 하며 예경하시는 부처님의 모습에서 우리는 앞서 얘기한 '조상' '부모'가 나만의 영역에 국한된 것이 아니라 일체 모든 생명을 말함을 여실히 알 수 있다.

내 부모, 내 자식, 내 집, 오직 나와 연결된 것만 감싸 안으려드는 이기적인 현대인들에겐 도저히 상상하기 어려운 모습일 것이다. 결국 모든 생명이 나와 연결되지 않은 것이 하나도 없다는 것을 조금만 돌이켜 생각할 수 있다면 세상이 이처럼 거꾸로 돌아가지는 않을 것이다. 세상이 그렇다고 탓하며 그냥 내버려두는 것이 대부분 현대인들의 모습이다.

물질의 풍요 속에 가난을 면치 못하고 절대빈곤에서 상대빈곤으로 옮아가 정신의 부재로 헐떡이는 우리들 사람의 삶을 이제는 돌아볼 때이며, 나부터라는 적극적인 마음으로 역류되어 가는 물줄기를 바꿀 때가 바로 지금이다.

불과 손바닥 넓이만한 거리의 이웃을 이기적 관념에 매달리고, 나의 불행이 마치 사회의 책임인양 착각하면서 사는, 이 걷잡을 수 없이 역류하는 세상을 바꾸는 것이 우리가 할일이다.

하나의 손해가 만 개의 복이니

세존이시여, 원컨대 세존께서는 염려하지 마소서. 만약 미래세에 선남자 선여인이 불법문중에서 한 생각의 공경심만 내어도 제가 백천 방편으로 그를 제도하여 생사 중에서 해탈을 얻게 하오리니, 하물며 어찌 여러 가지 착한 일을 듣고 생각생각 수행함이겠습니까? 이 사람은 자연히 위없는 큰 도에서 길이 물러서지 않을 것입니다.

－지장경－

지장보살님께서는 한 생각 공경심만 내어도 생사를 벗어날 수 있다 하셨다. 스스로 '고통스럽다, 더러운 세상이다' 하기에 앞서 이웃의 아픔을 외면하지 않고 부처님 말씀 한 구절이라도 전하고, 끼니를 잇기도 어려운 이웃에게 따뜻한 밥 한 끼라도 베푸는 마음을 지닌다면 바로 그곳에 해탈의 기쁨이 있지 않겠는가? 세상을 탓하고 손가락질할 때, 자신의 발만 쏙 빼는 경우가 대부분이다.

왜 나의 책임을 남에게 전가시키며 그들을 탓하는가?

해방은 구속을 푸는 데 있는 것이다. 통일은 스스로의 마음속에 닫혀버린 관념의 담벼락을 부숴버리는 데 있습니다. 질시와 반목을 사라지게 하는 것은 서로를 따스하게 인정하고 스스로 손해보는 신뢰를 즐기는 데 있다.

하나의 손해가 만 개의 복이란 진리를 이번 우란분절엔 다시 한 번 가슴으로 새겨봤으면 한다.

미래 불교중흥을 향한 서원을 다지며

무더운 여름의 열기가 기승부릴 채비를 할 때, 우리 금강정토원 수행대중이 정진의 길을 떠난 애길 해볼까 한다. 우란분절을 더욱 뜻있게 맞기 위한 49재.

베푸는 마음 연습하리라 마음 모아 직장에 몸을 담고 있는 수행대중들은 한 달 살림의 10분의 1을 입제 때, 10분의 1을 해제 때 공양 올림으로써 구체적인 실천에 나서는 모습을 지켜보면서 참으로 흐뭇함을 감추지 못했다.

공양의 많고 적음이 문제가 아니라, 그처럼 베푸는 마음을 내주는 대중의 원력에 감사했고, 더불어 사는 삶의 미래를 예견했다.

부모 은혜 갚는 일은 요즘을 살아가는 사람들에게 목마름을 적시는 감로수라 여기기에 목련존자의 그 애틋한 효성을 기리어 미래불교의 동량이 될 금강정토원이 하루 빨리 건립됨으로써, 이 지역을 밝히고 나아가 이 나라를 밝히고자 세운 서원을 가슴에 묻고 오늘도 정진의 고삐를 잡아당기는 이들.

새벽 예불 끝에 매일 3백배 참회하며, 부모님의 은혜, 스승의 은혜, 모든 중생들의 은혜 갚는 절 공양을 올리노라면 천지만물이 따로 아님을 느끼게 된다.

따악, 딱
죽비소리에 온갖 시름 모두 놓고
따악, 딱
죽비소리에 지옥도 마다않고 가는 목련존자를
그리워합니다.

허공계가 다하고, 중생계가 다하고, 중생업이

다하고 번뇌 다함은 넓고 크며 가없고 한량없으니
저희들의 회향도 이러하여지이다.
나무 대행보현보살…

3천배 참회 회향의 길목에 서서
보현보살님의 크신 행원을 우러를 때에
보현보살님과 내가 둘이 아니요
지장보살님과 내가 둘이 아니며
목련존자님과 내가 둘이 아닐지니.

나무 지장보살 마하살

서원을 세우는 기도

 거리를 메우는 차량 행렬들, 그 많은 차들은 제각기 감당해야 할 막중한 책임이 있으리라.
 이렇게 생각하는 것이 기우가 되지 않기를 바란다.
 며칠 전 어느 여자 법우法友께서 지나가는 이야기로 요즘 대중 목욕탕에 가면 살빼는 이야기가 화제가 되고 실제로 살을 빼기 위하여 열을 올리는 사람이 많다고 한다.
 어떤 사람들은 얼마나 여유가 있어서인지 건강을 유지하기 위하여 헬스니 에어로빅이니 수영이니를 하기 위하여 부지런히 스포츠 센터를 출입하며 각각 나름대로 운동을 하고 또 그렇게 시간을 보낸다고 한다.
 하늘을 두고 물어보자. 과연 이렇게 해도 되는지를. 출가 중도 별 수 없이 하늘을 찾는다할지 모르나, 선과 악의 단견에 빠져 사고의 능력을 상실한 이에겐 하늘이란 말도 쓰기가 두렵다.

무엇을 괴로워하고 또한 무엇을 슬퍼하랴. 님 향한 일편단심에 응하여 나타나므로 그 은혜로움에 감사할 뿐이다.

주관과 객관이 뒤바뀌고 있는 선상에서 점을 찍을 겨를도 없이 달은 뜨고 언뜻언뜻 구름만 한가로이 밤 하늘을 오고간다. 처음 낸 마음이 보리菩提의 마음이고, 보살의 행업이 영겁을 요단함이로다.

가는 이여, 가는 이여, 무슨 기도를 한다고 그리 부산한고.

기도를 하겠다는 탐욕의 불길이 불나비가 자신을 태우듯, 어리석은 마음을 버리지 아니하고는 이미 기도의 참뜻은 사라짐이로다.

옛 어느 선사의 이야기처럼,

"스님, 불법의 대의가 무엇이온지요?"

구도의 나그네는 불타는 가슴을 부여안고 적막한 고통의 한계상황에서 그 뜨거운 고통에서 벗어나고자, 오직 눈밝은 도인의 깨우침을 찾아온 구도자에게 던져진 돌이킬 수 없는 절망의 일구, "예끼, 이 사람아. 똥마렵다."

파란 하늘은 이미 빛을 잃고 칠흑의 어둠이 되어, 디디고 선 땅에 닿은 발은 감각을 상실한 채, 고통의 아픔은 원망과 분심의 또 다른 불길에 휩싸여 겹겹이 둘러친 고통의 칼날 앞에 용기 백배해야 하는지 삶을 포기해야 하는지, 전혀 현실을 무시한 상황이 되고 보니, 허공에 그어진 무지개처럼 당혹함에 헛기침 소리로 멀쑥한 자신을 표현한다.

자신의 볼일을 다 보고난 선사는 불길에 타고 있는 구도자의 마음을 아는지, "바보 같은 놈. 세상에서 제일 더러운 똥

오줌도 저 자신이 해결해야 하거늘 하물며 불법의 대의를…."

하늘은 열린다. 지린 장마 끝에 태양은 가만히 모습을 드러내고 너무도 태연히 대지를 비춘다.

고통의 무게는 이미 간 곳이 없고 억겁을 두고도 느끼지 못한 시원한 기쁨의 노래가 나그네의 가슴에 가득 찬다.

기쁨이여, 찬탄이여, 행복이여. 잠시 전 암울한 철창은 사라지고 눈앞에 펼쳐진 모든 현상들, 멋과 향기를 머금고 가녀린 눈 끝에 묻어나는 누이의 사랑에서부터 마을 앞에 부라린 눈으로 우뚝 서 있는 장승까지도 그저 다정하고 물리칠 수 없는 백년지기가 되고 닫혀버린 마음은 이미 태산처럼 자리한 억겁의 무게가 되었다. 내 더러운 똥 오줌은 내가 버려야 한다는 님의 가르침 속에 숙제는 풀리고 파란 하늘에 하얀 구름만 한가로이 동서로 자유롭다.

인생에 대한 목적을 상실할 때는 살을 빼야하는 부질없는 일을 계속해야 한다.

불과 30년 전 배고픔을 이기지 못하여 옥수수죽을 얻어먹기 위하여 줄을 서야하고 목젖에 침을 넘겨야 했다.

불쌍하도다, 가련하도다, 한토의 민중이여!

조상이 물려준 복의 땅에서 건강이란 이름으로, 미용이란 이름으로 숱한 생명을 죽여야 하는 현실이 부끄럽고 부끄럽다.

하루 108배 기도를 하는 사람과 하루 천배의 기도를 하는 사람 중에 과연 어떤 사람이 기도의 가피를 입겠는가. 당연히 객관적으로는 천배의 기도를 하는 사람일 것이다.

그러나 똑같은 서원을 갖고 기도할 때 서원의 내용이 무엇이냐에 따라서는 또 다른 차별을 받는다 하겠다.

서원은 '이와 같이 살겠노라' 기도는 '그것을 이루고 말겠다'는 인욕과 정진력이다.

서원이 목표를 세우는 것이라 한다면, 기도는 그 목표를 향하여 결실을 거두기 위해 행해지는 방법이며, 씨를 뿌렸다면 수확이 있어야 하듯이 온전한 수확을 거두기 위해서 김도 매고 물도 주는 행위라고 볼 수 있겠다.

부처님께서 사바세계에 오심은 중생이 고통에서 벗어나게 하고자 함이다. 부처님께서는 고통의 근본적인 원인을 탐·진·치 삼독으로 보셨다. 그 중에서도 특히 성취욕에서 벗어나지 않고서는 행복할 수 없다 하셨다.

어리석은 중생이 너무도 가여워서 때론 기도에 가피를 주시는 것처럼 생각하지만 결코 부처님의 응답하심이라 볼 수 없다.

욕심에 대한 극도의 치열한 열정이 불타 응어리진 모양이 단지 영험이란 이름으로 보일 뿐이다. 불자는 누가 뭐라 해도 사홍서원을 가져야 한다.

사홍서원을 근본으로 해서 귀의삼보의 기도가 행해질 때 너와 나의 행복한 삶을 누릴 수 있고, 부처님의 복밭에 함께할 수 있다.

중생을 모두 제도하겠다는 것은 철저하게 자신의 어리석음을 때려부수겠다는 것이다. 부처의 세계에서는 중생이 따로이 존재하는 것이 아니라, 중생과 부처의 경계가 사라지고 오직 존재의 실상만이 제 모양, 제 빛을 발하고 있을 뿐이다. 즉 스스로 짓고 지은 결과론적 자신의 모습이 중생의 허물임을 느낄 때, 깨달음의 기쁨이 모습을 드러내고 호랑나비는 나비대로 백화도량의 나그네는 나그네대로 본래 고향으로 돌아간다.

끝없는 번뇌망상의 괴로움은 가히 금강도를 만나 금강으로 불변의 진상이 되고 이름하여 정토는 열리고 나라가 밝으며 민족이 안녕하고 한떨기 꽃의 아름다움을 인류가 드러낸다.

모래밭에서 진주를 줍듯이

　저만치 면소재지가 내려다보이는 시골의 작은 암자에도 밤은 어김없이 찾아와 검은빛이 짙게 어우러진 지 오래다.
　칠십 년 가깝게 쓰던 요사를 헐고 벽돌을 쌓아 현대식으로 방을 만들고 지붕도 슬레이트로 개조했다.
　방 하나를 예전에 우리네 조상님들이 쓰시던 흙 온돌방으로 들여놓고 보니 여름에는 시원하고 겨울에는 따뜻하여 방안이 더욱 정감이 든다.
　일주일에 한 번 정도 사용하는 방이고 보니 조금은 사치스런 생각이 들어 부끄럽기도 하고 시주의 은혜가 무겁기만 하다.
　어린 시절 시골집에서 흙으로 만든 벽을 종이로 발라 쓰던 때가 삼삼하게 떠오른다.
　잊혀졌던 그 옛날, 작은 아버지께서 똥장군을 지고 야산을 일구어 놓은 밭에 거름하시던 모습이 새삼 떠오른다.

흙을 일구듯이 삶을 진실하게 사시던 그분의 모습이 향수처럼 그려워진다. 흙은 뭇생명의 고향이다. 온갖 생명에 영양소를 공급해주고 우리네 몸을 지탱해주는 생명의 요소이기도 하다.

심고 가꾼 대로 거둬들이는 평범한 진리 앞에 인간의 얄팍한 마음씀이 얼마나 쓸모없는 연극일까? 흙은 잘나고 못남에 유혹당하지 않는다.

불과 얼마 전까지만 해도 손바닥만한 땅이라도 가지고 있으면 삶에 큰 위안이 되었다. 땅에 대한 가치 기준이 달라진 요즘과는 비교할 수가 없다. 우리들은 흙에 뿌리를 두고 살면서 흙의 소중함을 모르고 있다. 그러나 흙을 떠나서는 살 수 없다. 흙에서 살리라.

옛사람들은 단 한 평의 땅도 함부로 내팽개치지 않았다. 논과 논을 잇는 논두렁에도 콩을 심고 가꿔 거둬들이면서 참으로 땅의 은혜를 느끼면서 살았다. 빗나간 현대인의 일확천금을 노리는 투기의 물질적 가치 기준으로는 감히 엄두도 내지 못했던 모습이었다.

뭇 세인들이 흙을 고향으로 느낄 때 비뚤어진 사고의 틀을 바로잡아 자연의 위대한 질서에 성큼 다가서게 될 것이다.

밤의 한가운데서 하늘을 보노라니 이런저런 넋두리가 새록새록 고개를 내민다. 일찍이 석가 세존께서도 삼경의 끝자리에 서서 작은 빛을 감추지 못하고 제 모양을 나타내는 별을 보고 우주의 질서에 하나되고 너와 내가 이러한 질서 속에서 피어난 또 다른 생명임을 인식하게 된다.

어둠을 느낄 때 밝음 또한 존재하는 것. 어둠의 빛은 밝음을 대상으로 남기길 원하지 않는다. 어둠은 그 질서의 한 요소이지 결코 사라져야 할 악재는 아니다.

생명의 근본 질서는 버릴 것도 얻을 것도 없다. 다만 밝음에 주눅들어 버린 사고의 한계를 놓아야 대상적 집착에 고통받는 이들의 잘못된 인식을 돌려놓을 수 있다.

세존의 깨달음도 유성의 실상을 느끼고 알았을 뿐 그 별이 시적 감상과 감각에 들떠있는 사고의 분비물이 될 수 없다. 분별 경계는 상대적 영역에 물들어 버려야 할 것이 아니라 자신 속에 닫혀 병들어 버린 무상에 대한 어리석음일 뿐이다. 그렇다. 밤하늘에 반짝이는 별의 아름다움이 각자이듯 세상의 참다운 구현은 자신이 고치려는 생각을 놓아야 이룰 수 있다.

오늘처럼 스승님이 그리워지는 밤. 언제 뵈어도 그 모습. 서로를 그리는 눈빛으로 교감했고, 설득한다든지 설명이 필요치 않았다. 만나면 반갑고 헤어지면 서로에게 주어진 최선의 길을 걸어갈 뿐이었다.

'억울함을 당해 밝히려 하지 말라.'

세상은 밝혀져 있으니 밝히려 함은 수행자의 마음씀이 아니다. 밝히려 함은 똥문은 개가 재문은 개 나무라는 격으로 어리석은 짓이다. 삼신산의 깊은 계곡에 얼어붙어 있는 아름드리 고드름을 더운물 한 바가지로 녹이려는 것과 같다.

예전 원효성사도 감천사 공양주살이를 할 때 귀신은 속여도 눈밝은 도인은 속이지 못했다. 물론 오욕칠정이야 없었겠지만 '내가' 보살행을 하고 있다는 관념의 틀을 벗어나진 못했다.

수행자의 마음달이 맑고 밝은데, 깊은 밤 들려오는 귀뚜라미 울음 속에 띄워보낸다. 스승님이 그리워지듯 벗이 그립다. 저기 저만치 떠있는 돛단배를 집어타고 갈 곳 없는 곳을 찾아

떠남이 좋으리라.
 존재의 가치가 존재 없음을 미워함은 바닷물을 한 쪽자에 가늠하려는 것과 같다.
 쪽자는 쪽자의 분수만 지킬 수 있으면 아무런 문제가 없다. 바다는 바다일 뿐이며 어김없이 피어난 들국화의 수더분한 모습 또한 그것일진대 서로가 서로에게 갖추어진 마음달을 속이려 해서는 안된다.
 수행을 한다는 것은 몸과 마음을 함께 쓰기 위함이니 몸과 마음이 짝을 이루지 못함은 수행의 선상에서 멀어져 있음이다. 천하를 희롱하듯 설파하는 설법자도 스스로에게 주어진 육신의 한계를 조정할 힘이 없고서는 설법의 무게는 땅에 뒹구는 메주처럼 되고 만다. 쓸모있는 물건도 자칫 쓰잘 데 없는 오물이 된다. 쓸 수 없는 것을 필요한 것으로 생산해내는 지혜의 동산이 되도록 하여야 한다. 단절된 고정관념을 깨고 더 넓은 광야로 끌어냄이 설법자에게 주어진 사명이다. 중생이 어둠 속에 빛을 잃고 헤매는 고통 속에서 한줄기 빛으로 다가설 때 어둠은 사라지고 중생 또한 고통의 업산을 넘고 지혜의 동산에서 더불어 사는 기쁨이 있다.
 지혜의 산은 서로에게 주어진 생명을 아끼고 존경하는 감사함이 넉넉하다. 내가 그대에게 다가서서 그대와 함께하려는 우리 본위의 삶이 된다. 업산에는 자신만의 충만된 욕구가 그대를 용납하려 들지 않는다. 흡사 낭창거리는 낚싯대에 매달려 파닥거리는 고기가 삶과 죽음의 경계에서 마지막 생명에 대한 절규를 즐기려는 것과 같다.
 사람이 사람일 수 있는 것은 이유 있음으로써 주어진 결과를 이끌어내는 연기인과를 믿는 데에 있다.

　물이 차면 샘이 있듯 천태만상으로 살아가는 삶의 모양새는 틀림없는 사람이 각각 심어놓은 인과의 씨앗일 따름이다. 하나는 콩을 심고 하나는 팥을 심었을 뿐이다.

　이 얼마나 위대한 진리의 은혜로움인가. 심은 대로 거둬들이고 심은 대로 살 수 있으니 자연의 질서는 한치도 어김이 없을지어라.

　옛날 어느 회상에 많은 제자를 둔 스승께서 제자들에게 세상 사람의 귀감이 될 만한 책을 쓰라고 분부하셨다. 제자들은 서로 머리를 맞대고 능히 세상 사람들에게 유익할 만한 열 권 정도의 책을 써서 스승께 올렸다. 스승은 이 많은 양을 누가 보겠느냐며 줄여오라 하셨다.

　모래밭에서 진주를 줍듯 열 권을 두 권 정도로 줄였는데도 스승께서는 안된다고 물리치고 또다시 한 권으로 만들어 놓아도 물리치고 아주 작은 소책자로 만들어도 물리쳤다. 마지막에 이르러 제자들이 밤을 새워가며 몇 달 동안 머리를 짜고 갖은 수단을 동원해서 스승에게 올린 '세상은 공짜가 없다'라는 한 글구를 보고는 흡족해 하시면서 '이제 되었느니라. 너희들도 세상은 공짜가 없다는 도리를 깨칠 수 있도록 해야하느니라' 하셨다.

　오늘도 성스러운 땅은 어김없이 온갖 작물을 키우고 거둬들이고 있다. 오늘밤은 지친 나그네의 잠을 시샘이라도 하듯 울어대는 귀뚜라미소리도 없다. 천금의 무게만큼 육중한 밤의 어둠이 가슴에 멎고, 바람을 스치는 물잎의 가녀린 밀어가 들려온다.

먼동이 터오는 희망에 몸뚱이를 맡긴다

 특별히 좋아하고 싫어하는 것이 따로이 없지만 한번 마음을 내면 꼭 해야만 하는 모난 성품이 내게 있는 것 같다.
 뭇사람들이 내다버린 쓰레기처럼 잔재의 빛으로 변해가는 도회를 떠나 두메산골로 떠나고 싶은 생각이 가끔씩 든다. 그래서인지 며칠 전 이런저런 망상의 나래를 따라 무작정 강원도를 향하여 행자와 떠났다.
 차창 밖으로 느껴지는 온갖 사물의 모습은 그저 평화로운 한 폭의 그림처럼 아름다움으로 다가섰다. 가을걷이가 마무리되지 않은 곳은 그 모습이 파란 가을 하늘이 내린 은혜의 줄기처럼 감사하다. 농부의 밭가는 모습도 한가로워 보이고 마지막 남은 풀을 먹는 소의 모습도 정겨워 보였다.
 말없이 베푸는 자연의 은혜가 이토록 조용하고 넉넉함을 뉘가 있어 함께할까. 사람이 태어나 한 세상 살아가는 것이 그림자 없는 곳에서 왔다가 그림자 없는 곳으로 간다고들 한다. 세간이나 출세간이나 사람의 삶은 엄청난 존재 소유의 대가가 있는 것처럼 느낄지 모르지만 구름처럼 바람처럼 살아지고 있다. 그렇다. 우리는 사는 것이 아니라 살아지고 있다. 알지 못하는 법칙에 따라 살아가고 있는 보잘것없는 것이 사람 사는 모습이다. 그런데도 물고 물리는 악순환은 계속되고 자신이 만들어 놓은 덫에 걸려 넘어지고 깨어지면서 붉은 핏방울을 뚝뚝 흘리면서 아우성치고 있다. 황새를 쫓아가는 뱁새의 꼬락서니처럼 인간의 교활한 탐욕의 불길은 그칠 줄 모른다. 제 분수를 알아차리지 못한 인간은 급기야는 죽음이란 종착역에 다다라서야 겨우 삶의 무의미를 느끼기도 하지만 그것이 주는 의미는 오한에 가까운 피맺힌 후회와 슬픔뿐이다. 물에 빠진 자가 지푸라기라도 잡으려는 심정으로 더 살기를 원할지 모르지만 어림 반푼어치도 없는 허공꽃을 동경하는 것처럼 환상의 뒤안길이 된다.

  떠나는 버릇이 역마살처럼 내 가슴 밑바탕에 잔재해 있음을 알아차릴 때는 이미 자신을 변호하는 합리화의 탈을 쓰고 양반을 희롱하는 가면극처럼 당당함이 장승처럼 굳은 자세가 된다. 속임수에 속임수를 더함이 되고 그 깊은 수렁에서 스스로 가면극에 몰입하여 본 모양을 찾으려 하지 않는다. 인생이란 이름도 결국은 거짓과 거짓의 이음새로 거미줄처럼 엮어져 있다. 무엇보다도 사람은 진실해야 한다. 허우적거리는 지렁이라 하더라도 지렁이의 익힌 습이 그러하듯 메아리 속에서 메아리를 찾는 어리석음을 따를 수는 있어도 지렁이가 땅을 의지하고 사람이 두 발로 땅을 의지하는 진실을 말이다.

먼동이 터오는 희망에 몸뚱이를 맡긴다
◆

가을 들녘에서 느끼는 사물의 진실성이 변화 속에 변화 없음을 보여주듯 진실로 다가설 때 앙상한 나뭇가지 사이로 휭윙거리는 북풍 한설의 매서운 질책에도 거뜬할 수 있어진다.

떠남이라는 이름 속에 사치스런 번뇌의 뜨락에 쌓여진 죄송스런 생각이 제 무게를 이기지 못하고 돌아오고야 말았다. 이 골짝 저 골짝 떠도는 것만이 행각이 아닌 것 같다. 머물러 있음으로써 고요할 수만 있다면 떠남이라는 이름은 너무도 당차다. 머물러 있으되 영원히 머물러 있을 수 없고, 떠남을 빌어서 떠나되 고요를 누릴 수가 없음이 시골의 해거름 저녁 밥 짓는 연기와 같다.

지금까지 수십 년의 인내와 기다림을 함께한 도우들과 맺어진 좋은 인연 앞에 은혜의 눈물이 앞을 가린다. 외로울 때나 슬플 때나 세상의 벼랑 끝에서 오직 울퉁불퉁한 고통의 뜨락을 쓸고 다듬어서 평탄 작업을 해온 우리의 동지들에 대한 부끄럼이 고개를 떨구게 한다. 세상에서 가장 못난 사람이 배신자다. 은혜를 저버린 자는 세존의 자비로움도 미치지 않는 억겁의 무게와 같은 죄업만 있을 뿐이다. 차라리 마지막 돌이킬 수 없는 한계상황에 놓여버린 여래 삼불능과 같다. 얼마나 버리고 또 그렇게 살려고 애쓰고 애씀이었던가. 지금 와서 숨길이 넉넉해지고 발걸음이 조금은 가볍다고 해서 혼자만의 자유에 들 수 있을까. 그것이 어떤 이유와 조건이 된다 해도 죽음과도 같은 배신자의 낙인을 벗어날 수 없다.

그렇다! 이와 같은 번뇌의 쓰레기가 쌓여가는 것은 게으름이 주는 반작용이다. 현실에 머물려는 편안함 속에 야합하려는 못난 생각들이 은혜를 모르는 쓸모없는 사람을 만들고 만다. 수행자에게는 사치가 금물이다. 당대 최고의 선지식이셨던 성철 큰스님의 50여 년의 생애에 남은 건 누비두루마기 한 벌이라. 분소의에 의지하여 몸을 가리고 추위를 견디며 살아가라는 세존의 가르침을 몸소 실천한 증거이다. 의복을 입되 시체를 묻거나 화장하고 난 뒤에 널려 있는 천조각으로 누덕누덕 기워 옷을 만들어 입는 것이 수행자의 분소의다.

쌀쌀한 추위가 시작되면서 여름옷은 벗어놓고 겨울옷을 꺼내 입으면서 수행자의 본분을 떠올리곤 부끄러움이 참회를 하게 한다. 여유를 가진다는 것이 너무나 호사임을 느끼게 한다.

깨달음을 추구하는 자는 깨달음에 이르는 것 외에 달리 처방이 없다. 하늘을 속일 수는 있으되 사람의 양심은 속일 수 없다. 양심을 속일 수는 있으되 업장은 속일 수 없다.

진실이란 뭘까? 참이란 과연 어떤 것일까? 기준을 어디에 두느냐에 따라 달라지겠지만 질서의 파괴는 자신과 이웃을 죽이는 무서운 독약이 되고 만다. 한 국가에는 국법이, 사회에서는 도덕이 기준이 된다. 그렇다면 우리 인생의 기준은 어디에 두고 살아가야 하는가. 사회의 통념적인 기준치는 인간이 갖는 양심의 기준을 능가할 수 없다. 양심의 구속은 어떤 강제적인 법률로써는 도저히 구속할 수 없다. 대체로 하나가 아닌 여럿이 모였을 때는 항상 공통의 의무사항이 있게 된다. 특히 승가 집단은 계율이란 덕목이 있고 크게는 팔만사천의 고구정녕한 가르침이 있다. 구체적으로 재가의 불자에게는 5계, 8계, 48계 등의 대승계율이 있고 출가사문에게는 10계, 250계, 348계 등 소승 계목이 엄격히 정해져 있다. 이것은 불문율이다. 어느 누구도 변조하거나 자기식의 편의에 따라 바꿀 수 없다.

설사 삼천 년 전에 만들어진 것이라서 현재에 맞지 않는다 할지라도 바꿀 수 없는 그것에의 불응은 스승에 대한 도전이자 승가 본래의 화합정신을 파괴하는 행위가 된다.

어느 출가사문의 수행 덕목에도 한결같이 적용되어야 하는 불문율임에 틀림없으므로 자기 본위의 편의적 해석은 돌이킬 수 없는 죄업만 늘어나게 한다. 석가 세존의 가르침은 진리라는 절대 섭리에 따라 설하여진 실상 묘법이다. 이미 깨달음을 마친 후학들에게도 어록이란 이름으로 불리워진 선지식들의 견해는 한결같이 경전에 근거를 두고 율장에 의지해서 철저하게 살아가신 수행자의 기준의 척도가 되어 주었다. 스스로의 이기적인 분별에 의해서 자신의 고통은 배가 되고 고통의 괴로움도 증폭된다. 모두에게 긍정적인 다양성이 미학이 된다면 그 어떤 문제도 발생할 수 없다. 떠남은 한계 극복의 이기적인 욕망으로부터 시작된다. 늘 스스로에게 물어본다. 오욕칠정에 빠져있는 중생심은 떠나 있는가? 그렇지 못하다. 서푼어치의 가치도 없는 체면 속에 가려 버린 행위는 올 여름의 냉해보다도 더 무거운 무게로 삶을 유린하고 있다.

'세계일화世界一花' 인류는 한송이 꽃과 같다. 중생계가 온통 자비도량으로 보여질 때 다생겁래로 묻어온 때가 씻기워지는 듯하다. 모두가 불성이요, 부처님의 실상세계다. 흡사 저 하늘의 태양이 인류의 곳곳에 두루 비추이듯 자비의 은혜도 이와 같다. 한계상황을 연출하는 뛰어난 연기도 오합지졸의 무질서도 질서의 매끄러운 기준을 가늠하는 잣대가 된다.

관념적 사고의 틀에 묻혀버린 이에게도 불성에 대한 미래의 희망은 충만하다. 망망대해에 펼쳐진 수평선의 고요 속에 침묵한 산승의 우치 선정에는 아무런 문제가 없다. 그는 언제나 그곳에 머물고 있으며 자신의 위치를 티끌만큼의 어긋남이 없이 연기의 도리를 벗어나지 않는다. 또한 그런 변화의 이치에 깨달음이란 것이 따로 계산될 수 없다. 돼지 목에 진주목걸이, 배를 잡고 웃어야 할지 아니면 해괴한 것으로 보아야 할지 그것은 이미 진주라고 할 수가 없다. 사람 따라 느끼는 분별은 다를 것이다. 그러나 돼지가 진주목걸이를 한다고 해서 분별 망상을 낼 필요는 없다. 자기 본위의 생각은 욕망의 숲을 따라 윤회의 고통만 더할 뿐이다. 힘이 센 자는 힘이 약한 자를 어눌하게 한다. 얼림을 당한 자나 얼림을 주는 자는 한통속의 경계를 벗어나 있지 않다. 우주 법계에 한 중생도 구원될 대상이 없다. 그러므로 구원할 수 있는 구세주의 이름도 존재하지 않는다. 다만 흐르는 물 속에 이끼가 끼지 아니하고, 비온 뒤의 하늘이 맑고, 새옷보다는 손때 묻은 옷가지가 정겨울 뿐이다.

 오늘도 이런저런 그림자 없는 바닥을 오가며 하루 해가 지는 줄도 모르고 대중의 은혜만 늘어남은 어찌하랴.

  예전 사람 공부할 제
  하루 해가 가게 되면
  다리 뻗고 울었거늘
  나는 어이 게으른고
  예전 사람 공부할 제
  마음 그늘 이겼거늘
  나는 어이 게으른고

— 경허스님 「참선곡」 중에서 —

먼동이 터오는 희망에 몸뚱이를 맡긴다

님께서 주시는 것이라면 때림이나 꾸지람이나 달게 받기를 서원하고 짙어지는 어둠 대신 먼동이 터오는 희망에 몸뚱이를 맡긴다.

행복하게 사는 길, 복 짓는 일

봄이다.

게으른 자에게는 더 게으르기 쉽고, 부지런한 자에게는 더 열심히 땀흘릴 수 있는 계절이다.

농부는 한 해의 농사일을 준비하고 직장인들은 꽃놀이 가기에 더없이 좋은 때다.

농촌 인구의 급격한 감소로 이 나라의 모든 생활 환경이 도시 중심으로 바뀌어가고 있는 요즈음, 이 사회의 주인 구실을 해왔던 농민들은 이제는 소외계층이 되어버렸다.

우리 조상들이 농사일을 하늘 아래 가장 근본된 일로 생각한 농자의식이 사라진 지 오래이지만 인간이 과연 농자의 근본 도리를 떠나 땅을 의지하지 않고 살 수 있을까 반문해 본다.

소위 돈 있다는 자들은 죽기도 전에 그들이 천덕스럽게 굴리던 육신이 묻힐 땅을 미리 축조하고 봉분을 만들고 있다. 죽어가면까지 이미 썩어지고 없는 육신으로 인간의 귀한 성품을 업신여기는 일이 아닐 수 없다.

별다른 모색도 없이 땅을 의지해서 태어나 땅에서 생산되는 온갖 것들로써 육신을 지탱하다가 결국은 땅으로 돌아가고 말 것을.

일찍이 부처님께서 수행하실 때 가리왕이란 살인마가 팔을 달라면 팔을 주시고 다리를 달라면 다리를, 몸뚱이를 달라면 몸뚱이를 아낌없이 주셨던 사실을 알고 있는가?

죽어가면서까지 가난에 시달리는 이에게 재물의 폭력을 휘두르는 이들이 늘어나는 이 시대, 우리 범부로서는 감히 상상도 할 수 없는 일이다. 아무 조건도 없이 당신의 육신을 맡길 수 있는 부처님의 무량한 자비심이 그나마 이 땅의 후인들에게 빛이 되고 있을 것이라 여겨진다.

세상 사람들은 더 많은 것을 소유하고 누리려는 욕망의 올가미에 갇혀 살고 있다. 삼독의 욕망을 다행히 성취한다면 좋겠지만 화는 화를 부르고 선은 선을 낳는 평범한 진리 앞에서 우리는 중노릇을 하고 있음을 인식해야 할 것이다.

본래 빈손으로 왔다가 빈손으로 가는 것이 인생이라 했던가.

사람이 사람일 수 있을 때 생존 공동체 속에 살고 있는 사람들을 재물로 짓밟지는 말고 살아야 하는데, 가난하든 부유하든 재물은 생활에 편리한 이용물로 가치 기준을 삼아야 하는데 그런 것을 망각하고 사는 사람이 너무도 많다.

신라의 김대성은 끼니를 잇지 못하는 어려움 속에서도 대중의 안심도량에 전 재산을 시주한 공덕으로 불국사와 석굴암을 창건할 능력을 갖게 되었다고 한다.

가난하면 가난한 대로 넉넉하면 넉넉한 대로 복을 지으면 되는 것이다. 지금 가난한 것은 전생의 업보이니 탓하지 말고 이제라도 복을 지어가야 한다.

부처님께서도 만 생명의 어버이로서 지중한 법체를 나투시어 가난과 고뇌에 신음하는 이들에게 복을 짓게 하기 위해 바루를 드시고 시주의 선연을 심으셨다. 복있는 자에게도 더 많은 복을 짓게 하여 나고 죽음이 없는 행복의 나라로 인도하시고자 거리로 나섰음을 우리는 기억해야 한다.

이웃을 알고 사람을 공경하는 공존의 삶을 누려야 할 때이다. 어렵고 가난할수록 귀하게 베풀자. 금전은 귀하게 써야만이 귀한 것이다.

노름판에서, 술집에서, 개인의 환락과 유희를 위해 금전을 뿌려서는 안된다. 금전을 무절제하게 다루어 패가망신한 예를 주위에서 흔히 볼 수 있지 않는가?

주는 이, 받는 이 모두 선선한 마음으로 베풀며 살자.

부자되고 싶고 오래 살고 싶고 가난과 고통에서 벗어나고 싶거든 복을 지어라.

행복하게 사는 길, 복 짓는 일을 게을리하지 말아라.

도반의 은혜, 스승의 은혜

그 옛날 백 개의 서까래 고를 때는 내 비록 거기에 들지 못했으나, 오늘은 가로지른 마룻대(대들보) 되었나니 이는 오직 나만이 될 수 있는 일이네.

한민족의 영원한 스승 원효성사가 백 명의 덕높으신 스님들이 참석하는 '백고좌법회'에는 파계승이라는 지탄을 받아 불참하였으나 후일 《금강삼매경》 강설법회에 법사로 추대되었을 때 읊은 당신의 뜻이다.

지금 타인의 지탄을 묵묵히 수행으로 받아들이고 밝히려 하지 않더라도 언젠가는 진실이 드러나는 법이다.

연일 계속되는 무더위 속에 물이 바닥나고, 참배한 후 땀에 흠뻑 젖어 물을 찾는 도반들의 모습이 힘겨워 보인다. 10여 명의 도반들이 모여 경을 읽고 참배하는, 이 도심 속에 마련된

법당이 주위 사람들의 빛이 되고자 하건만 식수문제로 하여 어려움을 겪는 요즘이다.

사람으로 태어나 불법을 만나 공부하다 보니, 좀더 부처님 가까이에 다가가서 수행과 생활을 함께하고자 모여든 도반들의 구도열이 대견하다.

이들의 젊음을 불법으로 갈무리하여 정진한다면, 이 나라는 머지않아 건강을 회복할 것임에 틀림없다. 비록 주위의 눈들이 아직 따가운 눈총에 가깝지만 시간이 흐르면 자연 우리의 이 뜻이 받아들여질 것이다.

도반들의 기도가 거의 끝난 11시경이면 수박이며 과일들을 함께 공양하며, 더위를 식히는 자리를 갖고 서로 법담을 주고받는 즐거움이 있다.

까맣게 잊고 있던 과거의 인연들을 기도를 통해 깨달아 참회하고, 업덩이들을 삭혀가는 우리들의 삶….

오늘도 해변가에서, 디스코장에서, 술집에서 너절한 얘기 나부랭이로 하루를 보내는 많은 삶들에서 빠져나와 참회하고 발원하는 장한 신심들이 있어 가슴 저리도록 행복한 밤을 맞는다.

때로 유혹의 손길 앞에 현혹되다가도 오직 유일한 몸과 마음 바로하는 야무진 의지는 이 여름의 더위를 식히고도 남음이 있다.

어제는 부모님을 설득하여 함께 공부할 것을 원 세운 도반의 그 꿋꿋한 모습을 보게 되었다. 나로서는 그저 부처님의 은혜로우심 한량없음에 거듭거듭 감사드릴 수밖에 없었다.

법우들의 이와 같은 뜻이 부처님의 크신 자비로 가꾸어져 훗날 남북통일의 매듭을 푸는 큰 서원 이루어질 수 있다면….
 '너와 내가 동시에 행복해질 것을 서원한다.'
 화합과 믿음으로 일구어낸 수효 행자의 삶들이 대들보가 되고, 민족 주체가 되고 선각자의 달음질 되리라.
 우리가 마련한 이 법당에서 함께 잠자고 수행하는 기쁨을 부처님께 바치오며, 성훈 큰스님 영전에 회향하는 또 하나의 하루를 접는다. 말씀이 없으신 스승의 가르침은 퍼내어도 끝이 없는 깊이가 있고, 아무리 배워도 다 못배울 무한함이 있다.
 이 한 생명, 오직 불법의 바다에 살고 마지막 한 사람까지 더불어 함께할 것을 발원하는 도반의 은혜에 감사드리며, 한량없는 스승의 은혜에 엎드려 감읍할 따름이다.

신앙은 참되어야 한다

　종교(宗敎)란 문자 그대로 사물의 근본[宗]을 가르치는 것이다. 일시적인 이익이나 위안을 얻는 것을 종교라 하기는 어렵다. 우리들 주위에는 한 번 잘못된 생각이나 실수로 돌이킬 수 없는 악의 수렁에 빠져 평생을 고통 속에서 사는 사람을 간혹 볼 수 있다.
　요즘처럼 모든 것들이 개인 중심적인 사고로 일축되어가는 때일수록 자칫 헛디디기가 쉽고 한 번 빠지면 다시는 헤어나기 어렵다. 참된 종교심이 필요한 때는 이렇게 어려운 세상인 요즈음이라 할 수 있다.
　정신이 통일되려면 한 나라의 국민은 일관된 종교심이 있어야 한다. 그렇지 않으면 인간성이 메마르고 결국은 민족성마저 잃어버려 국가 존망의 뿌리가 흔들리게 된다.
　어떤 포교사는 종교란 종족의 가르침이므로 종교의 동일선상에 하나됨을 모르면 종족은 민족의 개념을 잃어버린다고 표현하기도 했다. 그만큼 종교가 인간의 세상살이에 미치는 정신적인 영향은 크다.

우리는 살아가면서 여러 가지 당면하는 문제 앞에서 고민하고 갈등에 휩싸이게 된다.

살아갈 집을 마련한다거나 취직, 결혼….

그런데 기실 이런 문제보다 더 중요한 '신앙' 문제에 있어서는 친구의 권유 혹은 가족, 주위 사람의 권유로 쉽게 선택하고 결정하는 예가 많다.

일찍이 부처님께서는 《법구경》에서 '억새풀을 잘못 쥐면 그 손을 다치듯 그릇된 종교생활은 사람을 파멸로 인도한다'고 하셨다. 아무 생각없이 택하여 행하는 신앙생활이 오히려 주위를 혼돈케 하는 것을 우린 어렵지 않게 볼 수 있다. 무엇보다 중요한 것은 어떤 종교를 선택하느냐가 아니라 어떻게 잘 행하느냐이다.

부처님께서는 무슨 일이든 신중하고 확고한 발걸음으로 걸어가시는 분이다. 참과 거짓의 차이를 식별하는 놀라운 통찰력을 가지신 분이므로 임시 방편이나 위로 방편으로 사람을 섭수하시는 법이 없다.

'우선은 쓰지만 확고한 진실'을 가르치신다. 그것은 계율을 지키며 수행하는 절제를 나타낸다.

《초발심자경문》에서도 계율을 지키어 무간지옥에 갈지라도 계율을 깨뜨리고 천상락을 받지 않는 자라야 불법에 들 수 있다고 가르치고 있다.

허위와 거짓이 난무하고, 자신의 이익을 위하여 사람의 생명까지도 서슴없이 빼앗는 말세적 시대를 우리는 과연 어떻게 극복할 것인가?

　자신의 행동에 책임질 줄 알고 스승의 가르침을 지순한 마음으로 받아들이는 사람이 많아야 하겠다.

　꿈같은 세상을 벗어나 참 신앙인의 삶을 사는 이가 늘어나야겠다.

　하나밖에 없는 인생을 세 치의 혀 끝에 녹여버리고, 한 줄의 글귀에 진실을 빼앗겨 버리는 뿌리없는 신앙인이 되어서는 안될 일이다. 성인의 위대한 가르침을 이름모를 환락으로 보는 물거품 같은 이야기에 속아 종교를 능멸해서는 참 신앙인이라 할 수 없다.

　우리 불교인들이 가져야 할 신앙은 부처님과의 약속을 지켜가는 것이라야 한다. 그 약속을 이행하는 것이 곧 신앙생활이라 할 수 있고, 기도는 좀더 구체적으로 확고한 자세로 신앙을 절대시해가는 실천이라 볼 수 있다.

　전생에 짓고 받은 업덩이를 추스리며 급하고 모난 마음을 다듬어가고, 허둥대고 주체없는 정신을 오롯이 해가는 가장 숭고한 인간의 궁극에 돌아가는 것이다. 그러므로 기도와 신앙은 말과 글로써는 아니되며, 몸으로 행해야만이 참된 것이다.

　님의 뜻이라면 가차없이 '예, 그리하겠습니다' 하는 가장 겸허한 자세에서 참 신앙이 우러나오고 인생은 비로소 행복의 나래를 펼 수 있는 것이다.

절로 절로 저절로

 옛 조사들은 후학들에게 한결같이 가르치기를 '삼경에 한 번은 깨어 있어라' 하셨다. 깨어있다는 것은 어리석음으로부터 눈떠 있어야 함을 말한다. 칠흑 같은 어둠 속에 서 있는 '나'라는 존재를 수시로 점검하고 다듬어갈 때 비로소 본래 청정한 내 마음자리를 보듯 수행은 그렇게 지어가야 하는 것이다. 따로이 자리를 펴고 조용한 곳을 찾아다니며, 좌선을 하고 염불을 하고 경을 읽는 것만이 수행의 전부는 아니다. 평범한 생활 속에서 부처님 모시고, 부처님을 닮아가려는 서원이 끊임없이 이어진다면 그것이 곧 진정한 의미의 수행이 아닐까.
 불법을 배우겠다는 이들이 한결같이 관광객들과 다르지 않고 그들의 틈에 끼어 명찰을 찾아다니며 스님들의 수도 공간을 점유한 것을 자랑처럼 여긴다. 어느 절 어느 큰스님을 친견했습네, 내가 어느 절 주지 스님하고 친분이 있습네 하는 얘기를 마치 자신이 스님이나 된 양 떠벌리기도 한다. 우리는 그들을 불자라고 이름할 때 아무런 주저함도 없는가?

 일찍이 부처님께서는 마지막 유훈으로 스스로에 의지하여 스스로의 성품을 밝게함이 불법의 심지를 밝히는 것이라고 말씀하셨다. 태양이 아무리 환하게 비친들 장님에겐 아무 소용이 없는 것. 스스로 눈을 떠 광명천지 세상을 보아야 하는 것처럼 큰스님 운운하고 이절 저절 철새처럼 다니는 이들은 참 불자라 할 수 없다.

 언젠가 모 사찰에 들렀을 때 신도 한 분의 푸념을 귀담아들은 적이 있었는데 그 보살님 왈, '큰스님이 이름나셨대서 글 한 점 얻으려고 찾아갔더니 일언지하에 거절하시지 않겠나. 그 먼길을 그냥 돌려보내다니….' 곁에서 뭐라 한마디 해주고 싶었지만 눌러 참으며 쓴웃음을 감추지 못했다.

 큰스님들이 한 점 휘호를 긋기까지는 수십 년의 수행을 필요로 한다. 그분들의 수행력을 본받으려는 마음을 내야 하거늘 다른 사람에게 자랑거리 삼자고 글이나 받겠다는 자세, 그 글을 잘 표구해서 장식하면 내 인생에 어떤 의미를 부여하는가? 스스로 수행하여 내 인생의 문제를 해결함이 중요한데 글 한 점 받고 못 받음이 뭐 그리 대수란 말인가. 삶과 죽음의 문제를 해결하고자 부처님의 제자된 이들이, 부처님 말씀 좇아 살아야 할 불자들의 현주소가 아직 그 정도라니 불교 중흥의 앞날은 참으로 멀고도 멀다.

 우리는 부처님께서 걸어가신 길이 어떤 길인지 알고 있다. 오로지 중생과 고통을 함께하시고 중생들을 건지기 위한 큰 서원으로 평생을 바치지 않으셨던가? 정진하여 어떤 신통력을 얻었더라도 그것이 중생들에게로 회향되지 않을 때는 아무리 신비한 능력이라도 의미를 지니지 못한다. 그것은 불교가 아니기 때문이다. 절을 3천배하고 《금강경》을 1만독했다는 이가 내 이웃의 아픔을 보고도 고개를 돌린다면 그 엄청난 정진력은 물거품이나 다름없다. 부처님 법 만나 기쁨을 알았다면 내 이웃과 함께 나눌 줄 알아야 참 불자이다.

여기에 한 남자가 있다고 하자. 그는 결혼해서 아내가 있고, 건실하고 착해서 누가 보아도 백점짜리 남편인데 자신의 아내에게는 존경받지 못한다. 그의 가정이, 그의 아내가 행복할 수 있겠는가? 남들은 다 행복하겠거니 봐주더라도 그 가정은 행복하지 못하다. 반대로 세상 사람들이 알아주지 않는 별 볼일 없는 남편이더라도 그 아내가 하늘처럼 믿고 받든다면 그 아내는 행복에 겨워할 것임에 분명하다.

행복은 자신의 손으로 만드는 것이다. 작은 것이라도 족한 줄 알고 우리 사소한 삶 속에 부처님 말씀을 잘 적용하여 살아가는 사람들…. 우리는 스스럼없이 그들을 참 불자라 부른다. 그들에겐 어려운 교리문답도 선 체계도 그리 중요하지 않다. 삶 자체가 불교이기 때문이다.

흔히들 불교는 너무 어렵고 광대해서 다가서기 힘들다고들 한다. 불교를 좀 안다는 사람들 중에도 불교성전 하나 없고 기초교리 서적 하나 변변히 갖추고 있지 않으니 무엇을 어디서부터 공부해야 좋을지 모르겠다고 불평하는 사람이 많다. 그런 사람을 만나면 한 번쯤 이런 질문을 던지고 싶은 충동이 일어난다. '당신은 자신이 어디서 와서 또 어디로 가는지 알고 있소? 그런 것을 한 번만이라도 생각해 본 적이 있소? 있다면 해결하려고 애써 보았소?' 하고. 자신의 문제를 돌아볼 줄도 모르고 있다면 교리체계가 어떻든, 법요집이 통일되었든 말았든 거론할 필요가 없다고 본다. 자신의 근기에 맞는 책을 택하여 읽고 내것으로 소화하면 그만이다. 마음에 안들면 보지 않으면 되는 일이다.

또 요즘 불교인들이 배척해야 할 병폐가 하나 더 있다. 법기가 쉽지 않은 선지식을 친견하고 여쭌다는 얘기가, 집을 한 채 사야겠는데 방위가 어디쯤이 좋겠는지, 부모 묘자리를 어디어디에 봐야 자식들이 좀 편할지 하는 것들이다. 참으로 안타까운 일이다. '가진 것도 다 버려라' 하고 가르치는 불교공부를 하면서 더 가지고 더 집착하는 법을 묻는 이들이여, 개한테 주어도 먹지 않을 썩은 육신덩어리 눕힐 자리, 동이면 어떻고 남이면 어떤가? 아직도 제상에 고기머리가 동쪽으로 가야하니 서쪽으로 가야하니 입씨름하고 친척간에 큰소리가 나고, 사주·관상이나 보고 부적이라도 그려주지 않으면 신도가 줄어들까 두려운 스님네들 덕에 교계의 신문 지상에 명리 역학 강의한다는 광고문이 나고, 거룩한 부처님 오신 날 등공양을 올리면서 연등은 얼마니, 팔각등은 얼마니 따지는 이 한심한 세태풍조여! 언제쯤이면 참다운 부처님 말씀 좇는 수행의 대열에, 이름만 불자인 이들이 함께할 수 있을까? 그날이 너무 멀지는 않을까?

계절은 변함없이 겨울이 가면 봄이 오고 벌나비가 꽃을 찾아 한가로이 노닐건만, 중생의 업덩이는 아직도 엄동설한이라 어깨가 무겁고 외투에 외투를 껴입고 온통 움츠러든 가슴이 펴질 줄 모른다.

절로 절로 저절로

'기회'는 멍청하게 앉아 있는 이에게 오지 않는 법. 늘 예비하고 기다리고 힘을 기른 자에게만 온다. '시절인연'도 끊임없이 정진하는 자에게 그 대가로 만나진다.

불교는 공평하다. 한치의 거짓말도 하지 않는다. 단지 내가 검은 색안경을 쓰고 세상을 보므로 컴컴하게 느낄 따름이다. 빨리 안경을 벗고 밝은 세상을 만나자. 언제까지 장님 노릇을 할 것인가?

옛날에 눈먼 장님이 길을 가다 그만 발을 헛디뎌 낭떠러지에 떨어지게 된 일이 있었다고 한다. 그런데 다행히 땅에 거의 닿을 즈음 나뭇가지 하나를 붙잡고 한숨 돌렸는데, 앞이 안보이니 여기가 어디쯤인지 알 수가 없었다. 다짜고짜 살려달라고 소리를 질렀다. 마침 지나가는 행인이 이 모양을 보고 웃으며 '나뭇가지를 놓으면 되겠소' 한다. 장님은 아연실색하며 '예끼, 여보쇼. 겨우 이걸 붙잡고 살았는데 놓으라니, 내가 미쳤소? 이걸 놓으면 나더러 죽으란 소리요?'라며 화를 내고 눈먼 것을 서러워 원망하는데 또 행인 하나가 지나가다 똑같은 애길 한다. 장님은 그래도 긴가민가하여 머뭇거리는데 세번째 행인이 이를 딱하게 여겨, '여보쇼, 발밑이 바로 땅인데 당신은 나뭇가지에 매달려 있소' 하고 설명을 해준다. 그제서야 장님은 용기를 내 가지를 놓으니 툭하고 발이 땅에 닿는 것이 아닌가?

그렇다. 우리가 서 있는 현주소는 그 어리석은 장님과 다를 바가 없다. 쓸데없는 가지 훌훌 놓아버리면 살 수 있는 것을 모르고 전전긍긍한다. '놓아라', '버려라' 절에 가면 매일 듣는 애기가 그것이다. 이제 반연을 쉬고 오롯이 부처님 의지하고 사는 이 길이 참으로 살 길임을 우리는 알아야 한다. 물론 지계마저 버리라는 뜻은 아니다. 지켜야 할 것은 지키는 것이 참으로 버리는 것이기 때문이다. 세상이 어지러울수록 지계정신이 살아있어야 한다.

　스스로 부처님 전에 나아가 예경하자. 불교는 행하지 않으면 생명이 없는 법이니 내 좁은 소견으로 따져 묻지 말고 그냥 절로 가자. 그러면 모든 일들이 절로 절로 저절로 되리니 어려울 게 무에 있을까? 한 번 절한 공덕으로 모진 숙업 사라지고 향긋한 쑥국이 입맛을 돋구듯이 세상살이 이일 저일 절로 절로 저절로 봄눈 녹듯 하리라.

부처님, 기쁘게 해드리겠습니다

입으로 짓는 죄가 네 가지라. 망어妄語, 양설兩舌, 악구惡口, 기어綺語요, 입으로 짓는 죄가 가벼우면 입술이 검고 이빨이 가지런하지 못하고 입에서 구린내가 나지마는, 좀더 중하면 말소리가 분명치 못하고 음식 맛을 몰라 아무리 좋은 것을 먹어도 입맛이 없고, 만일 더 중하면 벙어리가 되고, 더 중하면 지옥·아귀·축생보를 받거니와 입으로 짓는 죄 중에 가장 중하고 무서운 것은 인과를 모르고 불법을 훼방하는 것이요, 그러한 입을 도려내어서 젓이나 담그는 것은 참으로 경한 일이요, 당신네 입도 똥을 먹는 개 입이 되었으면 다행한 일이었을 것을 하고 원통하게 뉘우칠 날이 오게 하시오.

―원효대사 中―

무심코 던진 한마디가 상대방에게는 많은 아픔을 낳는다.

그것이 원인이 되어 걷잡을 수 없는 괴로움이 되기도 하고 심지어 생명을 위협하기도 한다.

일찍이 부처님께서는 몸과 입과 뜻으로 짓는 죄업을 경계하셨다. 이 죄업을 소멸하지 않고는 마음의 안락을 얻을 수 없다. 우리 옛 속담에도 말의 중요성을 일러 말 한마디로 천냥 빚을 갚는다 하지 않았던가?

우리 선조들이 그렇게 올바른 말길을 열어갔던 것처럼 오직 정어正語로써 메마른 우리 사회를 넉넉하게 해야겠다.

말이란 부드럽고 고운 말만이 좋다고 볼 수는 없다. 도리에 어긋나지 않고 그 말길을 잘 살펴서 오직 바른말을 맑고 멋스럽게 해야 한다.

예를 들어보자.

우리는 흔히 나이가 찬 처녀에게 언제 시집가느냐고 묻기를 좋아한다. 나이든 총각에게 장가 안가느냐는 말도 장난처럼 하게 된다. 얼핏 들으면 정감있는 말일지 모르나 사실 참으로 사람의 가치 기준을 상실케 하는 말이다.

또 친구간이나 위 아래 사람을 만나 '돈을 버느냐'는 인사치레, '시험 잘 치렀니?' '어느 대학 가니?' 하는 식의 말들은 무심코 하는 인사치레 같지만 상대방을 돈 버는 기계나 시험 치르는 컴퓨터 쯤으로 여겨 말하는 것으로, 설사 말하는 당사자는 그렇지 않더라도 듣는 이의 형편에 따라서 가슴에 못이 될 수도 있는 얘기이다.

설을 맞이하면서 으레 어른들간에 말로 짓는 업이 있다. 명절이라 어느 딸이 무슨 선물을 주었느니, 어느 아들이 용돈을 얼마를 주었느니 하는 자랑 삼아 하는 그 말이 부모 자식간에

의를 상하게 하는 예를 우리는 어렵지 않게 본다. 선물의 크고 작음이나 용돈을 많이 드리고 적게 드림의 정도로 효자니 불효자니 평가하는 부모님들이 계시는 한 넉넉하고 바른 사회를 기대하기는 어렵다.

사람이 태어나서 돈을 많이 벌거나 결혼하는 일이 삶의 전부는 아닐 것이다. 나보다 남을 위하고 인간의 도리가 살아있는 사람이 존경받는 사회가 되어야 한다.

'공부는 좀 못해도 좋으니 건강하여라. 건강이 좀 좋지 못하더라도 사람이 되어라.' 부모가 자식을 다 그렇게 가르치는 사회가 된다면 사회의 부조리가 생길 리 있겠는가?

우리의 부처님께서는 평생을 누더기 한 벌과 바루(밥그릇) 하나에 의지하여 문전 걸식하며 사셨다. 우리는 이 인류의 가장 위대한 분의 가르침을 배우는 부처님의 제자, 불자이다. 그렇다면 진정 그분께서 기뻐하실 일이 무엇인지 깨쳐 알 일이다. 모든 이에게 이로운 일과 기쁨을 주는 일을 스스로 행하고 내 모양을 보는 이나 내 이름을 듣는 자 모두 보리마음 내어 윤회의 괴로움에서 벗어날 수 있도록 수행 정진하는 것이 곧 우리가 할일이다.

세상에 자식을 둔 부모들이여, 당신의 자식을 그릇된 관념으로 묶으려 하지 말라. 때 되면 결혼시켜야 한다는 고정관념으로 짐승이 발정기가 되면 암수 교미시키는 것처럼 만물의 영장인 사람의 일을 그처럼 해서야 되겠는가? 인연이 닿으면 결혼하는 것이요, 인천의 스승의 길을 걸을 수도 있음이다.

청춘 남녀들이여, 이성은 인간이 가지는 가장 거룩한 생명의 존엄성을 지키는 고향임을 알아 인격을 연마하고 수행의 덕화를 넓혀갈 일이다. 바로 이와 같음에 부처님의 뜻이 있기 때문이다.

잠결에 들려오는 잔잔한 소리에 정신을 챙겨든다. 《금강경》의 법음이다. 부처님께서 수보리 존자와 천이백오십 인의 상수 제자와 함께 하신 저 인도 기수급고독원에서의 법향수다. 분명한 진리의 소리이며 중생의 어리석음을 깨우치는 법문이다.

수효법당에 부처님께서 오셨다. 수효 행자의 밝은 시봉으로 지금 오신 것이다. 그러매 오직 환희와 찬탄이 장엄할 뿐이며, 이 멋스런 염불 정진이 몰아닥친 추위를 걷어내고 있다.

"부처님, 기쁘게 해드리겠습니다."

한 해가 저무는 길목에서

청정하고 장엄한 이 보배의 땅, 모든 부처님의 정토 들어 있네.
-화엄경 세간정안품-

처음으로 부처님이 바른 깨달음을 이루셨던 그 땅이 금강金剛처럼 장엄하다 하여 읊은 이 게송은 마치 우리나라의 금강산을 찬탄하는 노래로 들린다. 금강산이 반야도량으로 청정한 땅이라는 의미에서 그러하다. 그러나 무엇보다도 불교를 수용하던 고대로부터 우리 선각자들이 이름하여 한토韓土불자로서 금강과 같은 뿌리를 내게 한 사실에서 더욱 그러하다.

《금강신앙발문》이란 책을 읽어 내려가자니 이제는 그 육성을 들을 수도 없는 고성훈 큰스님의 쩌렁쩌렁한 목소리가 들리는 듯하다.

"동양의 황인종으로서 서양 귀신을 믿는 자는 황인종 앞에 참회하고 민족 앞에 반성하라. 불교가 사라지는 것은 슬프지 않으나 도인 없는 인류는 애석한 일이다. 지구의 축제가 백만 번 이루어진다 하더라도 구심점 자성불을 지키는 한 사람의 수행자가 더욱 수승하다. 우리 육신의 어버이는 부모요, 진리의 아버지는 부처님이다. 인류의 성품 평등으로 노예를 해방시키고 축생을 해방시켰으며 지옥중생까지 행방시키는 법왕은 중생의 아버지 붓다인 것이다."

　사람은 누구나 행복하게 살기를 바라지만 그 바람만 가득할 뿐 실지의 행동은 동물보다 못한 경우가 많다. 내것은 줄 줄 모르면서 남의 것을 소유하려 하고, 내 게으름은 탓하지 않으면서 부지런히 일해 성공한 사람을 시기하는 이들이 아직도 이 사회에 남아있다.

　어느 실업가의 말처럼 세상은 넓고 할일은 많으니 잠자는 시간, 먹는 시간도 아껴 일을 해야 하는데 우리는 언제까지 공짜밥이나 축내고 있을 텐가? 세상에 공짜란 없다. 먹은 만큼 이자 붙여 그 빚을 갚지 않으면 그 업장을 다 어떻게 소멸할 것인가? 인과를 모르면 짐승보다 나을 게 없다. 하루 세 번 정도는 세 끼 밥에 빚을 지지 않는지 반성해 보아야 한다.

　한 해가 저무는 길목에서 나는 남다른 감회에 젖는다. 세 끼 밥의 빚을 갚자고 몇몇 뜻있는 불자들이 작은 창고를 세내어 《금강경》을 독송한 지 삼 년의 세월…. 그리 길지 않은 세월의 여정이지만 눈물을 삼켜 차마 견디기 어려웠던 일들이 울컥울컥 올라온다. 이제 시골집 양지녘에 주홍빛으로 멋스럽게 익은 감을 바라보며 떫감시절을 기억해내는 벅찬 감동이리라.

　우리들 정성과 눈물로 마련한 법당에서 60세수로 하루 3천배, 7일 기도 정진하시는 노보살님, 장한 신심 기리며 이처럼 밝은 도량 되었나 싶어 부처님의 한량없는 은혜에 그저 고개 숙여졌다.

세존이시여, 무시겁 이래 짓고 받는 업보업장 해탈탈겁 되어지고 거사님 맺힌 한, 노보살님 참회공덕으로 봄눈처럼 녹아지길 발원.

직장생활의 피곤함도 잊은 채 저녁 9시 30분이면 만나는 법우들이 호궤합장하고 《금강경》 독송하는 수행시간, 처음엔 답답하고 치밀어오르는 졸갑증이 육신의 아픔보다는 영혼의 헝클어진 모습을 알아차린 채 독경소리는 법당의 찬 공기를 바꾸어 놓는다. 이제 삼독 정진 60여 분을 능히 할 수 있는 힘을 얻은 법우가 20명은 된다. 하루 8시간 육신을 일과 속에 자신을 돌아볼 수 있는 이 60분이 얼마나 소중한 인생의 자양분인지를 우리는 안다.

견디기 어려운 일을 정진으로 버티며 지켜온 우리의 법향수 '수효법당'은 이제 이 지역 근로자들의 영혼의 고향이 되고 있다. 24시간 개방되어 주인을 기다리고, 환영하고 찬탄하며 수행과 정진 있으매 공동체 삶을 터득하는 우리의 법향수.

새벽 5시, 쏟아지는 잠의 무게를 이겨 부처님 모시고 너와 나 부처되길 서원하며 각각 한 시간씩 개인 정진에 몸을 세운다.

내 모양을 보는 이나 내 이름을 듣는 이, 윤회고를 벗어나 보리과를 이루기를 삼독 법회 회향하면서 원 세우고 민족의 통일과 행복을 염원한다.

하루하루 그렇게 바치며 함께 사는 우리 법우들이 금강영산 우람하게 쌓아올린 신앙의 종맥 잡아서 한민족의 귀로 밝히는 주체가 되리가 믿어 마지않는다.

《금강경》유포 삼십삼만 권, 《금강경》독송 제자 일만이천 법우 되는 그날까지 한토불교의 거름되고 생명되기를 발원한다.

결혼, 꼭 해야하는가?

우리 옛 속담에 '선무당 밤새는 줄 모른다'는 얘기가 있다. 무당의 업을 하면서 그런 경험도 없이 무당의 길을 간다면 모순일 것이다.

언젠가 나는 어느 청년 불자에게 사랑을 해보았느냐고 물은 적이 있다. 그랬더니 절에 다니느라 여유가 없어 아직 사랑을 못했단다.

나는 그에게 "허허, 그러니 얼굴에 그늘이 져서 밝지 못하지. 사랑도 한 번 못해 보고 무슨 불교공부를 하겠나?" 했더니 겸연쩍게 웃는다.

이성을 모르고 별 갈등도 없이 덤덤하게 사는 것보다 사랑의 아픔도 겪어보고 그것을 극복하는 능력을 길러 그 마음을 불법에 귀의하는 것이 더 절절한 믿음을 내는 데 도움이 되지 않겠느냐는 얘기를 덧붙였고 청년은 아주 밝은 표정이 되어 돌아갔다.

그런 모습을 보니 '부처님, 감사합니다'하는 마음이 가슴 속 깊이 느껴졌다.

며칠 전 28세 정도 됨직한 애기보살과 결혼 문제로 상담을 나누게 되었다. 언니가 비구니가 되어 충청도 어느 사찰에 살고 있는데, 자신도 비구니의 길을 걷기 위해 다섯 달 동안 그곳에 머물며 신심을 쌓아가던 중 너무나 완강한 부모님의 반대로 결혼을 결심했다고 했다.

어머니는 자식이 비구니가 된 것을 가슴에 못이 되고 부끄럽게 여겨 평소 다니던 절에도 발을 끊고 부처님을 원망하고 계신다는 얘기도 하였다.

여기서 얘기의 실마리를 풀기 위해 우선 두 가지로 정리해 본다.

첫째는 이 땅 불교를 이끈다는 이들의 의식이 크게 잘못되어 있다는 것과 둘째는 과연 인생에서 가장 중요한 문제인 결혼이 부모의 뜻에 의해 결정되어야 하는가이다.

우리 포교원이 자리잡고 있는 곳이 시내 중심가의 주택 밀집지역인데 가장 골치 아픈 부분이 바로 절에 다닌다는 사람들의 의식구조이다. 목탁소리는 산에서 나야 하고, 창피하게 시리 절이 주택가에 있느냐고 관계기관에 진정서를 내는 등 나로선 놀라운 일을 많이 겪었다. 자식을 위해 부처님 전에 나아가 그토록 열심히 기도하던 불자가 딸자식이 비구니가 되었다고 부끄럽게 여기고 체면에 손상을 입었다고 생각하니 참으로 이 포교사의 가슴이 이런 잘못된 불교관을 깨뜨리고 싶은 충동으로 꽉 차옴을 느낀다.

결혼, 꼭 해야하는가?

아울러 우리 불교의 일선 지도자들이 얼마나 맹목적인 신앙을 요구했는지 알 수 있다. 유교의식이 아직 팽배해 있는 현실에서 자식 낳아 결혼시키는 일이 당연시되는 의식을 바꿀 필요가 있다.

결혼 문제는 자식과 부모 사이에 종종 일어나는 갈등이다. 기성세대의 한 사람으로서 자식의 인생을 저당잡히려 하는 것이 대다수 사람들의 의식임을 안타깝게 생각한다.

학벌이다, 재산이다, 가문이다 하는 외형적인 모습에만 치우쳐 인간이 갖는 인간성은 거의 무시되고 있는 실정이다.

여기에 비해 인간적인 정리, 소위 잘해준다는 것이 결정적인 역할이 되기도 하지만 부모들의 의식 수준과 크게 차이가 없다고 봐야 할 것이다.

그래서 부모님께서 원하시는 대로 시집가는 것이 효도라 여겨 결혼하기로 했다고 한다. 그렇게 효도하는 길이 시집가는 것인가 하고 반문해본다. 만일 그렇다면 독신 수행의 길을 가는 사람은 모두 불효자란 말인가? 결혼을 한다고 해서 그것이 효도이고 수행자의 길을 걷는다고 해서 불효라고 할 수는 없다. 다만 오랫동안 관념적인 의식에 물들어 있는 참으로 무지몽매한 사고이다. 결혼 문제는 본인의 문제이지 효도와는 아무런 연관이 없다. 인간 생리의 흐름으로써 이어져 내려온 획일적 삶의 종속이다.

삶과 죽음의 대명제 앞에 인생이 처한 근본적인 문제를 찾고자 하는 이가 불자라 할 때, 주체적인 인생관을 상실하고 관습적인 부모의 뜻에 따라 고귀한 삶을 방치한다는 것은 되려 불효가 아닐까? 스스로가 삶의 도반을 찾아 동등한 상대를 찾아 부모의 동의를 구하는 것이 순리일 것이다. 행복의 조건이 부모가 오래 살고 자식이 적당한 직업을 가지고, 요즘 같은 세대에선 30여 평 아파트가 있고, 자가용을 굴리며 휴일에 가족 동반 여행이라도 다닐 수 있으면 만족한다고 상대적으로 이야기한다.

금전이나 권력은 삶을 조금 편리하게 할지는 모르나 행복의 척도가 될 수는 없다. 최소한 행복이라면 스스로 만족할 줄 알고, 상대적인 요구 상황에 따라 움직일 줄 모르는 신념이 있어야 한다.

저 태국의 잠롱 시장의 말처럼 적게 먹고, 적게 자고, 남을 위해 많이 일할 수 있는 사람이 최상의 행복을 누리는 본보기가 아닐까 생각한다. 그는 부처님의 가르침대로 살려고 끊임없이 노력하고 수행한다고 했다. 우리가 누리는 모든 것을 모두가 함께 누릴 수 있도록 해야할 것이다.

그렇게 함으로써 이 인류가 안고 있는 빈부 차와 전쟁의 포환으로부터 해방시켜야 할 것이다.

결혼해서 아이를 낳고, 그 아이를 키워내 또 결혼을 시켜야 하는 식의 습관적·동물적 사고를 벗어나는 길이 원만한 인격에 한발 다가서는 길이 될 것이다. 오죽하면 부처님께서 자식을 낳고 나서 그를 장애라고 했겠는가?

여기서 두 젊은 남녀가 생리적인 욕구로 살아갈 때와 중절아를 만들 때는 이미 인간적인 의미를 포기하는 것이라 할 수 있다. 결혼은 하라는 법도 없고 하지 말라는 법도 없다. 시절 인연이 도래하여 결혼을 했다고 해서 꼭 부부생활을 계속해야 한다는 원칙도 없다. 남녀의 특성을 살려 업연들을 추스려 도반으로 산다면 이보다 행복한 삶이 또 있을까?

우리의 고뇌와 갈등은 근본적으로 이 고정관념으로 말미암아 일어나고, 사람의 삶이 이와 같은 관습으로 인해 종속적으로 흘러가고 있다고 봄이 옳을 것이다.

일찍이 부처님께서는 네 가지 성스러운 가르침에서 고·집성제에서 벗어날 것을 팔정도로 가르치고 있다. 우리는 이 고·집을 가지고 스스로의 가슴 속에 고착화된 관념에 휩싸여서는 윤회의 모진 고통을 벗어날 길이 없을 것이다. 이러한 고정 관념을 깨뜨리고 더불어 사는 유기적인 인연의 고삐를 풀어가야 할 것이다.

마음을 닦는 길을 부처님께서는 팔만사천 가지로 분별하여 설명하고 계신다.

이 많고 많은 길 중에서 한 가지라도 택하여 게으름 피우지 말고 가야 하고 그렇게 될 때 비로소 연화봉의 열매는 충실할 것이다.

몸과 마음 바쳐 기도하는 사람

① 저희들은 항상 모든 부처님께 예경하겠습니다.
② 저희들은 항상 모든 부처님을 찬양하겠습니다.
③ 저희들은 항상 널리 공양을 올리겠습니다.
④ 저희들은 항상 모든 업장을 참회하겠습니다.
⑤ 저희들은 항상 남이 짓는 공덕을 기뻐하겠습니다.
⑥ 저희들은 항상 설법하여 주시기를 청하겠습니다.
⑦ 저희들은 항상 모든 부처님께서 이 세상에 오래 계시기를 청하겠습니다.
⑧ 저희들은 항상 부처님을 따라 배우겠습니다.
⑨ 저희들은 항상 모든 중생을 수순하겠습니다.
⑩ 저희들은 항상 지은바 모든 공덕을 널리 중생에게 회향하겠습니다.

보현보살의 십종행원은 곧 부처님의 무량복덕을 우리의 현실 속에서 최상의 행복으로 닦아가는 기도자의 본원이다. 일체 중생의 본성이 불성이므로 온갖 중생의 생명이 부처님의 공덕 생명임을 믿으며, 중생들이 이 참생명을 믿어 구김없고 아낌없는 기도가 될 때 한량없는 새로운 창조의 세계가 열리는 것이다.

보현행원은 중생의 고통과 갈등, 아픔의 무거운 업장을 벗고 부처님의 무량공덕 세계에 이르는 열쇠가 되므로 열 가지 중에서 한 가지만 행하여도 부처님의 복혜가 넘쳐나온다.

이와 같이 기도는 부처님의 가르침대로 원願을 세워 행하는 신앙실천이다. 또한 기도는 중생의 무거운 업장이 소멸되고 부처의 세계로 나아가는 행원이며 무수한 세월 속에 지어온 죄업과 현생에 길들여진 삿된 가치관과 습관을 버리는 행위라 하겠다. 수년을 익혀온 담배 하나 끊기도 어렵다는데 하물며 다생겁래로 익힌 탐욕과 애욕을 쉽게 끊을 수 있겠는가? 그 일의 어려움은 말할 필요도 없다.

그럼에도 우리 불자들 중에는 서울 가는 차를 타지도 않고 서울 가기를 바라며 밥을 쳐다만 보고 배부르길 바라는 이가 많다.

물론 꼭 시간에 비례하여 기도 성취를 하는 것은 아니다. 1년 365일 행복하려는 자가 정초에 일주일 기도하고 행복을 얻으려는 마음을 내어서는 안된다는 것이다.

그런 마음가짐으로 10년 절에 다닌들 영험이 있을 까닭이 있겠는가?

기도는 결코 평상의 마음으로는 이루어낼 수 없다. 세 살

버릇 여든까지 간다는 속담처럼 사소한 습관 하나를 고치는 데에도 각고의 노력이 있어야 하거늘 자신이 다생겁래로 지어온 업장임에야.

다시는 그 업장을 되풀이하지 않겠다는 처절한 참회로부터 기도는 시작되어야 한다.

삿된 욕망이나 잡념을 버리고 오직 부처님을 찾는 집념이 있어야 한다.

마치 주린 자가 밥을 찾듯, 목마른 자가 물을 찾듯, 외자식을 잃은 과부 자식 생각 간절하듯 해야한다고 경허 스님께서 말씀하시지 않았던가? 기도를 하는 도중 복잡한 생각이 일어나고 한생각으로 집중되지 않으면 내 업장이 무거움을 인식하라. 이만하면 기도가 되었겠지 하는 생각이 들면 이미 악마의 유혹에 빠져든 것임을 잊어서는 안된다.

각고의 노력, 기도하는 사람에게 반드시 필요한 것은 노력이다. 겉으로 행복해 보이는 부부 사이가 그냥 이루어진 것은 아닐 것이다. 서로 이해함에 끊임없이 인내하고 감사하는 노력의 결과임은 더 말할 나위가 없다. 평범한 가정을 꾸리는 이치가 그러하거니와 자신의 삶 속에 던져진 업장의 고통을 해결하여 삶을 꾸리는 일을 누가 대신해 주겠는가?

설사 부처님이나 보살님이라 하더라도 대신해 주지는 못한다.

6년 동안 극심한 고행苦行으로 뼈와 가죽만 앙상하게 남아 제 몸도 가누기 힘든 싯달다 태자는 보리수 아래에 자리를 정해 앉으며 다짐을 한다.

비록 죽음이 닥치더라도 깨달음을 얻지 못한다면 결코 이

자리를 떠나지 않으리라.　　　　　　　　　－숫타니파타 中－

　죽음을 두려워하지 않고 죽음 앞에 몸을 던지는 자세가 될 때 비로소 기도는 성취되고 내 속에 있는 거짓 가치와 탐욕의 마장이 모습을 감추어 부처님의 무한한 은혜를 받는다. 기도로써 공부가 되고 정진력이 증장되어 중생의 탈을 벗고 결국은 인격자로서 자신의 삶에 진리의 향기 가득할 것이다.
　내가 올리는 한 번의 절 공덕 한 사람의 고통 사라지고, 한 번의《금강경》독송 공덕 한 사람의 무명업장 소멸되고, 내가 올리는 한 번의 염불공덕 한 중생 제도하여지이다.

신앙의 모양다리

　다른 종교에서도 그러하지만 특히 불교를 신앙하는 많은 사람들 가운데는 신앙을 하나의 수단으로 생각하는 불교인이 많다.
　기도나 신앙적인 행위를 하면 자신들이 원하는 소원이 상거래처럼 되는 줄 알고 있다.
　신행만 열심이면 욕망을 채워줄 이익을 받게 된다고 어리석은 사람들은 잘못 생각하고 있다.
　물론 전혀 불가능하다고 볼 수는 없다. 자신의 업력에 따라서는 기도의 응답을 이루는 수도 있다.
　우리들이 생활을 꾸려가면서 나타나는 하나의 구체적인 불행과 괴로움을 덜기 위하여 기도를 드린다거나 염불 참선 간경 진언을 외우는 것은 아니다.
　불교는 믿고信 알고解 실천하여行 얻음證의 네 가지 신행의 과정을 가르치고 있다. 인간 상호간에 서로 믿고 신용하는 동시에 신앙생활을 한다면 그 생활은 행복하고 안락하며 따라서 인간 사회는 서로 믿고 사는 훈훈한 사회가 될 것이다. 어두운 밤에 등불을 들고 가는 것과 같은 때문이다.

그러나 종교를 믿음에도 정신正信과 미신이 있으니 지혜가 없는 사교邪敎의 신앙은 미신과 맹신에 빠지기 쉽고, 지혜를 갖춘 신앙이어야만 건전한 신앙이라고 할 수 있다.

《아함경》에서는 '만약 사람이 신앙심이 없으면 사공없는 배를 타는 것과 같고 또한 임자없는 말을 타는 것과 같아서 구렁에 떨어지고 참호에 떨어져감이리라' 하였고, 《화엄경》에서는 '믿음은 도의 근원이요, 공덕의 어머니'라고 하였다. 그리고 의심을 없애주고 갈애의 흐름에서 벗어나게 하여 열반의 무상도를 열어준다고 가르치고 있다.

이처럼 불교의 신앙생활에서는 믿음에 절대적인 비중을 두고 있다. 불교는 신앙하되 불교의 참뜻을 알지 못하는 것처럼 삼악도의 윤회업보를 벗어날 수 있는 부처님의 가르침을 배우고 믿음을 가질 수 있다는 것은 부처님의 한량없는 은혜가 아니고서는 어렵다.

박순천 여사의 자서전에 이런 이야기가 있다.

3·1독립선언 때 시골 경찰서에서 있었던 일인데, 시골 장터에서 독립만세를 부르다가 잡혀온 사람이 많이 있었는데 그 가운데 지게를 지고 온 시골 사람이 한 명 있었다. 그 사람은 경찰서에 잡혀와서도 쉴사이없이 계속 독립만세를 부르고 있었다.

담당 형사가 "이놈아, 여기가 어디라고 함부로 만세를 부르느냐." 하였다.

"여기가 남의 나라 땅입니까? 우리나라 땅이오. 경찰서도 우리의 것인데 여기서 부르지 못하면 어디서 부르란 말입니까?" 하고는 지게꾼은 계속 독립만세를 불렀다.

형사가 화가 나서 발길로 차는데도 "독립만세", 뺨을 치는데도 "독립만세, 대한독립만세", 형사가 주둥아리 닥쳐라 엄포를 놓아도 "대한독립만세", 멱살을 잡고 내동댕이쳐도 독립만세를 외쳐대니까 형사가 "이 미친놈아! 때리고 발길로 차면 그만두어야지. 때리면 때릴수록 만세를 더 부르면 어찌하자는 게야?"

그러자 지게꾼은 "여보시오, 만세가 내 뱃속에 꽉 차 있으니까 당신이 건드릴수록 자꾸 터져 나올 것 아니겠소?"

"이놈이 미쳤나? 돌았나? 주둥아리를 닥치란 말이야."

"당신이 미쳤지, 내가 미쳤소? 내 나라를 빼앗기고도 왜놈들 편들어서 내 나라 동족을 치고 때리는 사람이 미쳤소, 누가 미쳤소?"

"이 자식아 듣기 싫다. 주둥이를 닥쳐라."

"나는 죽어도 닥칠 수 없소. 만세가 뱃속에 꽉 차서 자꾸자꾸 나오는 걸 어쩌란 말이오?"

이렇게 되고 보니 담당 형사도 느낀 바가 있었던지 이 사람을 미친 사람으로 취급하고 발길로 엉덩이를 차서 경찰서 문 밖으로 내쫓아 버리니까 그 사람이 장터를 춤을 추고 돌아다니면서, "대한독립만세, 대한독립만세"를 부르는 것을 보고 박순천 여사는 가슴이 뭉클하였다는 이야기다.

나라의 독립도 크고 큰일이지만 부처님의 가르침도 삶과 죽음을 뛰어넘은 가장 시급한 인간 문제가 아닌가?

기회 있을 때마다 법우들에게 강조하지만 다급하고 어려운 일을 당하면 '아이구 엄마, 하느님' 어쩌구 하면 설령 불교를 믿는다고 하더라도 자신과 사회에 아무런 도움이 못되는 불자라고 한다.

'아 — 아미타불, 관세음보살' 정도는 그냥 입에서 나와야 그래도 불교의 신앙생활을 하는 사람이구나 증명이 된다고 생각한다.

독립운동하는 사람들이 뱃속에 온통 '독립만세'로 꽉차 있어서 누가 비방을 하거나 욕을 해도 독립만세를 부르짖듯이 우리 불자들도 그리되어야겠다.

뱃속뿐만 아니라 온몸이 전부 아미타불이 되어서 누가 때리고 차도 '아미타불', 원한과 원망이나 억울함을 당해도 '아미타불'을 부르는 염불소리가 술술 끊임없이 나와야겠다.

지게꾼의 애국 정신이 형사를 감동시키고, 한인의 살아있는 혼이 왜놈들을 항복시키는 열쇠 되듯이 나 하나의 당당하고 힘있는 염불소리가 열 사람에게 생명으로 피어나듯이 그렇게 되어간다면 불교 중흥의 외침이 현실이 될 것이다.

신앙이 없고 수행이 없는 종교라면 숨쉬기를 마친 시체와 무엇이 다르랴.

이제 골목 골목에서 염불소리가 끊임없이 이어져 울려 퍼진다면 우리의 부처님께서는 열반 국토에 당도하실 것이다.

진정한 미인이 되려면

"눈으로 색을 탐하지 않고, 귀로 추한 소리를 듣지 않으며, 코로 향기를 맡지 않고, 입으로 아름다운 맛을 탐내지 않는 것이 아름다움이다. 또 입으로 다른 사람의 악담을 하지 않고, 말을 꾸미지 않는 것이 아름다움이며, 과거의 업을 알고 미래의 과보를 알며, 부처를 믿고 법을 알며 스승을 섬길 줄 아는 것이 최고의 아름다움이다."

이어 부처님께서는 세상 여인들의 미는 진정한 미가 아니라고 말씀하셨다.

"용모가 아름다운 것을 '미'라고 말하지 않으며 옷을 아름답게 입었다고 '미'라고 하지 않는다. 육신이 보기 좋다해서 '미'가 아니며 말을 잘하고 뛰어나며 지혜가 충만하다고 해서 결코 아름답다고 할 수 없으며, 다만 바른 성품과 올바른 정신을 가진 자만이 진정한 미인이라고 할 수 있을 것이다."

재가신도 팔관재계에는 '화장을 하지 말라'고 되어 있다. 옛 사람들의 말에도 잠자리에 들 때는 화장을 지우라고 충고했다. 본래 우리 글귀에는 화장대란 것이 없었고, 여인네들이 몸치장을 위해 사용하던 것을 '업경대' 또는 '경대'라 한 것을 보면 우리 옛 여인들의 정신문화를 가늠할 수 있다.

과거의 역사를 더듬어 보자면 나라의 흥망이 그 나라의 여인으로 하여 좌우되는 예가 허다했을 뿐만 아니라 나라의 중흥이 또한 여인들의 정신문화에 지대한 영향을 끼쳐왔음을 쉽게 찾아볼 수 있다.

그들이 자연의 일부로 몸을 꾸며온 데 반해 근세에 들어 외국으로부터 쏟아져 들어오는 화학성분 화장품과 천차만별의 화장술이 성행하고 있다.

세계 열강들이 무력침략정책의 밥톱을 뒤로 감추고 정신 식민정책의 일환으로 남녀평등, 여권신장의 명목을 앞세워서 향락과 사치풍조를 조장하는 치졸한 손길을 뻗고 있음을 우리는 간과해서는 안될 것이다. 물론 개중에는 조화를 이루어 삶을 꾸리는 데 필요한 요소가 전혀 없는 것은 아니다. 인간이 행복하려는 욕구, 여인이 아름답고 싶은 욕구는 본능에 가깝다.

저 신라의 요석공주가 그러했고 고구려의 평강공주도 역시 그러했다. 그러나 인간의 그런 면을 간교하게 이용하는 이들의 장단에 춤사위를 벌여서야 되겠는가?

피부 화장이든 성형 화장이든 겉모습을 치장하는 화장은 결국 나와 남을 속이는 행위이다. 조금은 불편하더라도, 조금은 까칠해 보이더라도 본연의 순수함으로 잃어버린 정신을 되찾자.

어느 비공식 통계에 의하면 근대에 우리나라 여성 중 30명에 한 명 꼴이 화류계에 종사하고 있다는 데 점점 짙어가는 우리 여인들의 화장은 무엇을 의미함인가?

　물론 직업에는 귀천이 없으매 그런 직업 자체를 두고 비난하려는 뜻은 없다. 다만 진정한 아름다움이 어떤 것인지 한 번쯤 생각해 보자는 것이다.

　당당하자.

　밝고 싱그런 동해 바다를 연못삼고, 백두산 절경을 정원삼는 큰 기상을 갖자. 참다운 아름다움을 연습하자.

　거울 앞에 서서 진실을 떠올리며 잃어가는 자신을 들여다보는 일은 있더라도 더이상 부모님으로부터 받은 귀한 얼굴에 흠집을 내는 일은 삼가해야겠다.

　그리하여 성품이 밝은 여인으로 아름다움이 은은하게 배어나는 진정한 미인이 되고 싶지 않은가?

제2부
더불어 사는 길, 화합

더불어 사는 길, 화합

　세상 어디에서도 참회받을 수 없는 오역죄 중 하나는 대중의 화합을 깨뜨리는 죄이다.
　이는 또한 오늘날 불교인들이 참으로 깊이 명심해야 될 과제이기도 하다. 화합을 깨뜨리는 자는 곧 무연중생이므로 영원히 성불할 수 없다고 한다.
　부처님께서는 계율을 제정하시어 대중 화합의 원칙으로 삼으니, 첫째는 대중의 질서를 바로하고, 둘째는 대중을 기쁘게 하고, 셋째는 대중을 안락하게 하고, 넷째는 믿음 없는 이를 믿게 하고, 다섯째는 믿음 있는 이를 더욱 굳게 하고, 여섯째는 다루기 힘든 이를 잘 다루고, 일곱째는 부끄러워하고 뉘우칠 줄 아는 이를 즐겁게 하고, 여덟째는 현재의 실수를 없애고, 아홉째는 미래의 허물을 없애고, 열째는 정법을 오래 머물게 하기 위함이라고 가르쳐서 공동생활의 덕목으로 삼게 하시고 대중생활을 열심히 하고 수도 정진에 힘씀으로써 시대와 역사의 사명을 다할 수 있음을 강조하셨다.

　부처님께서 코삼비에 머물고 계실 때의 일이다.

　어떤 비구가 계를 범하고 교단에서 쫓겨나 마침내는 서로 편이 갈리어 시비가 분분하게 되었다.

　이 소식을 전해 들은 부처님께서는 "어리석은 자들이 결국은 승단에 불화를 일으키는구나." 하시고 쫓겨난 비구에게 꾸짖기를 "죄가 있음에 뉘우치지 않고 오히려 죄가 없으니 참회할 필요조차 없다고 여겨서는 아니되느니라. 설사 너에게 잘못이 없더라도 네 한 사람으로 하여 불화가 생겼다면 마땅히 대중의 뜻에 따라야 옳은 법이다." 하시며 코삼비를 떠나 홀로 조용한 숲속에서 머무셨다고 한다.

　우리는 대중 속에서 함께 불법을 배우는 것을 더없는 기쁨으로 여긴다. 그러기에 서로 화합하지 못하는 것만큼 가슴 아픈 일은 없다.

　승가에서 아무리 교리에 밝고 오랜 수행을 쌓은 승이라 해도 불화 앞에서는 무색할 뿐이다.

　사자가 타에 의해서가 아니라 자신의 몸 속에서 자라는 벌레 때문에 목숨을 잃는 예처럼 부처님을 시봉한다는 승가에도 그런 경우를 종종 볼 수 있다.

　"출가인은 그 목적이 안일을 구함이 아니요, 따뜻이 입고 배불리 먹으려 함도 아니며, 명예와 재물을 구하는 것이 아니라, 나고 죽음을 면하고 번뇌를 끊으려는 것이며, 부처님의 지혜를 이어 삼계를 뛰어넘어 중생을 건지려는 것이다."라는 옛 조사 스님의 가르침을 새겨보더라도 승가 자체 화합의 중요성을 알 수 있다.

　화합은 청정이요, 청정은 불·법·승 삼보 중 승이라. 승은 불교신앙의 대상이고 불교의 근본실천 요목이며, 또 한편 복전의 의미를 담고 있기도 하다. 복덕과 공덕의 밭이란 뜻으로 복전이라 이르는데 현대불교를 한다는 사람들 중에는 복 이야기만 나오면 기복신앙 운운하며 신경을 곤두세우는 이가 많다. 이는 하나는 알고 둘은 모르는 소치다.

　'부처님은 분명 복덕과 지혜를 겸비하신 분이다. 복을 짓지 않았다면 불교 문중에 들어와 공부하는 것을 상상할 수 있을 것인가?'

　앞서 강조한 승가 자체의 화합 문제는 재가 대중들에게도 똑같이 적용되며 나아가 승가와 재가의 화합 차원에서도 재고해 보아야 한다.

　본래 수도장과 대중처소가 같이 있는 곳에서 재가자는 출가자에게 복을 짓고 출가자는 재가자에게 복을 짓도록 하여 양자가 공동의 삶을 꾸려간 부처님 당시의 모습을 재현해 내지는 못하더라도 그 정신은 이어져야 할 것이다.

　승단과 대중은 물과 젖이 서로 겉돌지 않고 화합하는 것처럼 밝은 자비로써 더불어 사는 동업중생이므로 법답지 못하고 서로 친절하지 못한 일이 있을 때에는 참고 견디며 자비로운 마음으로 화합하도록 힘써야 하겠다.

환착어본인 還著於本人

"봄을 찾아 온종일 헤맸으되, 봄은 어디에⋯.
짚신도 닳았구나. 하늘에 흐르는 흰구름, 집에 돌아와 매화나무 밑을 지나니⋯. (하략)"

이 시구는 중국 송나라 때 '대일'이라는 도학자가 봄을 동경하여 이러저리 헤매다 끝내 봄을 찾지 못하고 집으로 돌아오니 뜰에 있는 매화가지에 꽃망울이 방긋 웃고 있음을 보고 노래한 것이다.

즉 행복을 먼 곳에서 찾으려 하지 말고 바로 손을 내밀면 닿을 곳에 있음을 역설했다 할 수 있다.

"극락이 바로 눈썹 위에 달려 있는 것을 너무나 가까이 있어 미처 몰랐구려."

흔히들 극락은 서쪽 10만억 국토를 지나면 있다고 믿고 있다. '서방정토'란 말이 여기에서 기인하는데 사실은 반드시 서쪽에만 극락이 존재하는 것은 아니다.

　자신이 지금껏 걸어온 삶의 여정이 자신의 마음먹기에 따라 지옥이 될 수도 극락이 될 수도 있는 것, 극락은 결국 자기 안에 존재한다는 얘기다.

　이것을 '기신정토己身淨土 유심唯心의 이타'라고 한다. 여기서 기신이란 자기라는 뜻이며 유심이란 우리의 마음 밑바닥에 깔려 있는 부처님의 마음을 말한다.

　《관음경》에 보면 '환착어본인還著於本人 — 근본으로 돌아가리라'는 구절이 있다. 관세음보살을 염하면 그 근본, 즉 때묻지 않은 본래의 맑은 마음으로 돌아갈 수 있다는 가르침이다.

　근본을 잃지 않으면 언젠가는 옳음이 밝혀진다는 일화 하나를 들어보자.

　산 속 작은 암자에 홀로 수도하는 스님께 어느 날 죄를 지은 두 여인이 도망쳐 오게 되었다. 스님은 그녀들을 가련하게 여기고, 계를 주어 비구니의 길을 갈 수 있도록 배려해 주었다. 그런데 이 사실이 다른 이들에게 잘못 오인되어 스님이 두 여인네를 품었다는 중상모략에 휩쓸리게 되었다. 난처해진 스님은 해명을 해야겠다고 판단하고 본사로 가던 도중 어느 목동의 노래를 듣고 크게 깨달아 다시 발길을 암자로 돌렸다고 한다.

　"북산에 몰아오는 소나기도 걱정하지 말아라. 때가 되면 스스로 개일 것이니…."

　그렇다.

　스님은 자기 변명을 하기 위한 시간을 허비하는 것보다 자신의 결백이 자연히 드러날 때까지 기다리는 것이 더 바람직

함을 크게 깨달았던 것이다.

 중상이나 모략, 그 어떤 질책도 모두 북산에서 몰아오는 소나기처럼 일시적인 것임을 알게 된 것이다.

 원래 하늘은 맑은 것, 소나기란 중상에 휩쓸리지 않고 초월한다면 언젠가는 개인다는 평범한 진리이다.

 물론 목동이 스님 들으라고 불렀던 노래는 아니다. 그러나 아무 생각 없이 부르는 노래를 듣고, 곤란에 빠져 있을 때 구원의 가르침으로 받아들일 수 있었던 것은 오직 스님 자신의 마음작용이 아니겠는가?

 이런 맑은 인연들은 우리의 더럽혀진 마음을 부처님 마음으로 되돌려 놓으려는 끊임없는 정진력으로 만나진다.

 '일념으로 관음을 염하라. 그리하면 근본으로 돌아가리라'

 요컨대, 어떤 삶의 아픔 속에서도 관음을 염하면서 근본을 찾고, 믿음의 확신과 실천이 따르면 귀신도 피해가고 모진 윤회고를 능히 극복할 수 있다는 크신 가르침이 바로《관음경》에 나타나 있다.

가섭의 미소

　부처님께서 연꽃 한 송이를 대중에게 들어 보이셨을 때 홀로 깨달은 가섭존자의 미소가 보고 싶다.
　말이 없는 가운데 마음으로 통한다는 것.
　무언의 경지에 이른 불법의 심오함을 되새기며 새삼 말 많은 현대를 살아가는 요즘 사람들의 모습이 안쓰럽게 느껴진다.
　불자라면 누구나 접하는 천수경 첫머리에도 나와 있듯이 말이란 필요하지만 늘 조심하지 않으면 안된다는 평범한 이치를 깨닫게 된다.
　어떤 재미있는 포교사가 정구업진언 '수리 수리 마하수리 수수리 사바하'를 우리말로 풀이하면 '고치고 고치고 크게 고치고 계속 고치면 뜻을 이루리라'고 우스갯소리처럼 말했지만 불교를 공부하는 우리에겐 참으로 되새겨 봄직한 법음이라 하겠다.

경전에 몸과 입과 마음을 잘 다스리면 불과를 증득한다는 말씀이 있다.

"몸으로는 살생하고 도둑질하고 음행하고, 입으로는 악담하고 두 말하고 속이는 말하고 아첨하는 말하고, 뜻으로는 성내고 욕심내고 어리석은 마음을 낸다. 이를 선하게 다스리면 10선행이요, 잘못 다스리면 10악업이라 한다."

여기서 특히 입으로 짓는 죄는 보이지 않는 폭군이 되어 상대를 죽이기도 하고 살리기도 한다.

보살의 다함없는 장광설은 중생을 고통에서 벗어나게 하고, 중생의 한마디는 무거운 죄업이 되어 윤회 업수레를 벗어날 수 없게 만든다.

'침묵은 금이다'란 말이 있다. 열마디의 쓸데없는 말보다 한 번 침묵하는 것이 그만큼 귀하다는 뜻이리라. 수행자들이 묵언하고 침잠함을 수행의 중요한 방편으로 삼는 것도 그런 연유에서일 것이다.

내적으로 충분히 침묵하여 성숙된 말을 창출해 낸다면 그보다 값진 말이 있을 것인가? 사랑을 나누는 연인 사이에도 '눈으로 말해요'라고 한다. 입으로 뱉어낸 열 번의 고백보다 눈빛만으로도 상대의 감정을 읽을 수 있음은 상대를 이해하고 마음이 통한다는 의미이므로 더 고귀한 고백이 된다.

십여 년 전만 해도 하고픈 말들을 편지에 담아 주고받았지만 요즘 사람들은 전화로 모든 것을 해결하려 든다.

가슴에 담아두는 은근함도 없이 말초신경을 자극하는 몇 마디의 말로 일축해 버리는 게 현대인들의 생리다.

TV를 보아도 신문을 들춰보아도 가슴이 답답하여 눈길을 돌려야 하는 경우가 허다하다.

  일전에는 어느 출판사 사장을 만났는데 차츰 글쓰는 이들이 줄어 원고 받기도 힘들다는 얘기를 하며, 그나마 통속적인 내용으로 지면을 메꾸기에 급급하다는 말도 덧붙였다.

  참으로 말도 많고 탈도 많은 요즘의 세상살이···.

  침묵하자.

  말은 화를 부르기 쉬운 법이니 침묵함으로써 우리네 마음자리를 다듬는 도리를 알자.

  부처님 당시 상수제자였던 가섭존자의 그 말없는 미소를, 그 웃음에 담긴 깊은 의미를 알아야 할 때가 아닌가!

선禪이란 무엇인가?

　부처님께서 일찍이 태자의 몸으로 계실 때, 어떤 수행자를 만나게 되었는데 태자께서 도가 무엇인지를 물어보았다. 이에 그가 답하기를 '생로병사를 초월하여 끝내는 해탈을 얻게 되는 것'이라 하였다.
　그로 인해 왕후 귀족 부귀 빈천을 가리지 않고 늙고 병들고 죽어야 한다는 인생의 엄청난 사실 앞에, 사람이라면 누구나 이러한 근본적인 고통을 당해야 한다는 사실을 실감했으며 이를 벗어나려면 수행修行하는 것 외에는 다른 길이 없다는 것을 알게 되었다.
　그리하여 카필라성을 탈출, 입산하여 수행의 길을 걷게 된 후 12월 8일 새벽 금성이 반짝거리는 것을 본 순간 깨침을 얻으셨던 것이다.
　사람은 본래 절대적인 자유로운 성품을 간직하고 있는데,

잠재 상태로 있으며 무명無明에 덮여 마음대로 발휘하지 못하고 있을 뿐이다.

선을 통하여 자유로움을 저해하는 모든 조건, 모든 제한, 모든 상대를 초월해야 한다.

선禪은 이 모든 악조건을 제거함에 총력을 기울여 급기야 초자연 속에서 자유로운 활동을 영위할 수 있는 힘을 여지없이 발휘하는 것이다.

옛 속담에 '불이야! 소리 지르면 할머니가 장롱을 번쩍 들어서 마당으로 내간다'란 말이 있다. 평소에 빗자루 하나 들지 못하던 할머니에게 그만한 힘이 내재해 있음을 증명한 말이며, 기적이라고 표현하지는 않는다.

사회적인 온갖 병리 현상으로 물들어 버린 때를 씻어서 잠재된 인간의 고귀한 성품을 개발하고 활용하기 위해서 선을 닦는 것이다.

선은 어떤 신통이나 술수를 부리는 것은 아니다. 다만 매사에 자유자재할 뿐이다. 여기서 자유자재란 말에 걸리거나 글자에 얽매이지 않는 것을 뜻한다.

잘살건 못살건 지위가 높건 낮건 문제시할 것 없이 자기의 맡은 일에 충실하면 자연히 뜻을 이루는 법인데 느끼지 못하는 가운데서도 우리는 걸리는 부분이 허다하다.

또한 선은 보살이 되기 위한 공부다. 보살은 내가 깨쳤으면 남도 깨치도록 인도하는 사람을 말하므로 자기 혼자만이 깨치는 이기적인 것과는 거리가 있다.

선의 문은 흔히 문 없음을 근본으로 삼는다. 오는 사람 막지 않고 가는 사람 잡지 않는다. 그러니까 오고 싶으면 오고 가고 싶으면 가도 아무도 말리거나 붙잡는 사람이 없다. 가는 사람은 붙잡아 봐도 아무 소용이 없으니 가는 대로 내버려두는 수밖에 없다는 도리다.

선 공부인은 부질없는 일은 아예 거들떠보아서도 안된다. 사자는 자기가 낳은 새끼를 깊은 낭떠러지에 던져놓고 위쪽에 앉아서 내려다보고 있다가 기를 쓰고 기어올라 살아남은 놈만 젖을 먹여 기르고 올라오지 못하는 놈은 내버려둔다.

선 공부인은 사자의 그런 행위에서 부질없는 일은 매정하게 끊어버리는 점을 배워 오직 일념으로 매진해야 하는 것이다.

온 세상이 시끄럽다.

이러한 세상에서 어떻게 하면 평화를 지키고 행복을 구하며 살 수 있겠는가?

이 어지러운 세상을 구제하고 인간 본연의 도리를 찾으려는데 선禪 공부를 따를 것이 없다.

사람은 누구나 태어날 때는 깨끗하고 맑으나 세월이 지나면서 악에 물드는 것이 인지상정이다. 교육이 아무리 발달되고 인류를 부르짖는다해도 그 흐름을 막기는 힘들다.

오직 선의 수행만으로 이겨낼 수 있다. 악으로 물든 때를 씻는다면 맑아지고, 씻지 못한다면 더러운 대로 묻어둘 수밖에 없는 것. 때를 씻어 본성대로 사는 이를 부처라 하고, 탐·진·치 삼독의 때에 묻혀 사는 이를 중생이라 한다.

그대는 부처가 되고 싶은가? 아니면 중생으로 남고 싶은가?

부처님과 함께한다면

 법당에서 아침 저녁으로 《금강경》《지장경》《천수경》 등 제경을 독송하는 소리가 끊임없이 맑게 울려퍼지고 있다.
 이 맑은 독경소리를 산사가 아닌, 아침을 여는 도심 한가운데서 들을 수 있는 행복을 그저 부처님의 은혜로우심이라 하고 싶다. 그런데 아직 도심 속의 염불소리에 익숙하지 못한 몇몇 이웃들의 작은 불평들이 마음을 무겁게 한다.
 불교란 본래 이웃의 아픔과 안녕을 함께하는 종교다. 이와 같은 뜻을 실천하기 위하여 젊은 부루나, 원효의 후예는 대중을 찾았고, 도시의 메마른 바람을 순풍으로 바꾸기 위한 몸부림으로 오늘의 법당을 마련하게 되었다.
 수레의 두 바퀴처럼 인간의 삶은 항상 맞물려 돌아가기 마련인데, 사람들은 자꾸만 자기 중심적인 사고방식을 고집하며 살아가려 한다. 내가 벌어서 내가 먹고, 내 자식과 내 가족 외에 더이상의 이웃을 생각할 겨를이 없다. 자신들이 재벌이라면 이웃을 돌볼 수 있는 여유가 생길까. 현재의 상태로는 어렵다는 이유를 내세우면서….

세상 사람들 모두가 1등 재벌이라면 재벌이란 것이 얼마나 무의미한 것인가? 권력도 마찬가지일 것이다. 이처럼 세상살이는 차등 속에 평등이 있고, 바퀴의 톱니처럼 맞물려 돌아가고 있다.

우린 무인도의 주인공 로빈슨 크루소가 아니다. 서로 다른 특성과 개성을 갖고 상호 보완, 협조하며 살아가야 함을 깊이 인식해야 할 것이다. 여기에는 높고 낮음이 없으며 모자라고 더함이 없다. 잘나고 못남을 생각할 수 없다.

살아가는 생활 자체가 불교요, 불법이다. 그런데 불법을 공부한다는 이들 중에는 불교와 생활을 애써 구분하려 드는 사람이 많다. 물론 부처님의 세계와 중생의 세계를 하나로 보자는 뜻은 아니다. 근본법이야 달라지랴마는 중생의 소견은 분명히 따로이 존재할 수밖에 없다. 이를 참회하고 모자람을 채우고 어리석음을 채찍질하여 지혜로운 삶으로 가꾸는 것이 수행이 아닌가?

그냥 맹목적으로 '부처님께서 어떻게 해주시겠지' 하고 생각하는 게 불교인들의 신앙모습인 데서 문제가 생긴다. 한국불교 중흥의 난제는 결코 불교를 신앙하는 신도 수가 적은 데 있는 것이 아니다. 의식이 온전한 불자가 드물다는 게 오늘날 불교중흥의 큰 난맥이다.

내 식대로의 불교가 아닌 부처님 식대로의 불교를 신앙하는 것이 시급하다. 진정 우리가 참된 불자라면 매일 매일 부딪히는 가장 중요한 삶의 문제를 해결해야 할 때, 지표가 되는 것은 부처님의 삶이어야 한다.

'부처님은 이런 경우에 어떻게 결정하셨던가' 하는 생각을 항시 염두에 두어 그 삶을 본받아 살고자 하는 것이 진정한 귀의불의 정신이다. 그러므로 어떤 일을 결정할 때 자신의 이권은 제쳐두고, 항상 고통받는 모든 이들을 생각해야 할 것이다.

부처님과 함께한다면 모든 고통은 사라지고 지혜는 밝아진다. 믿음이 있는 불자는 당신의 뜻이라면 지옥 어디에라도 갈 수 있다는 마음가짐이 있어야 한다. 그것은 자랑거리가 되어서도 안되며 큰 믿음이라 할 수도 없고 마땅한 도리일 뿐이다.

내 생활의 크고 작은 모든 문제는 부처님과 더불어 돌아가고, 불법대로 살려는 옹골찬 정신력이 있을 때 행복은 절로 찾아든다.

부처님!

우리가 진정으로 대승경전을 수지 독송하고 매일 정진·참회하는 생활 속에 이웃의 아픔이 사라지고 한민족의 숙원인 남북통일이 되는 새벽을 열어갈 수 있게 하소서. 그리하여 내 모양을 보는 이나 내 이름을 듣는 이가 모두 보리를 얻게 하소서.

우리의 정진력으로 금강산 비로봉에 법신 광명 나투시고, 백두산 천지연에 하늘과 땅 하나되듯 민족의 통일 하루 속히 이루어져 한토의 구석구석 무애가 더 높을세라.

부처, 곧 인자하신 어머니

부처님께서는
그 옛날의 서원대로
우리를 위해 이 땅에 오셔서
사람과 신들을 열반(행복의 나라)으로
이끄시었네.

부처, 곧
인자하신 어머니
널리 자비의 젖을 주시고
우리를 지키시었네.
이제 열반에 드시니
의지할 곳을 잃었네.

서럽도다.

감로의 법을 내리지 않고
착한 마음의 새싹을 꺾이었네
바라옵건대
법보(부처님이 말씀하신 가르침)와
사리의 빛 우리를 비추어
길을 밝히소서.
　　　　　　　　　　　　－대반열반경－

영원한 나를 부처라 한다. 이 땅 생명을 가진 모든 자는 부처의 성품을 가지고 있다. 설사 살인자나 외도를 믿는 자라도 결국 부처님 나라 안에서 숨쉬며 살아가고 있는 것이다.

단기 4323년 8월 초닷새, 평소 참배하고 싶었던 동리산 태안사를 우리 수효 가족들과 더불어 찾게 되었다.

동행하는 두 남매의 모습은 동리산 계곡에 맞닿은 숲길과 어우러져 마냥 정다워 보였고, 법당 참배를 마치고 오솔길을 따라 걸어가는 성암, 진명화 두 분의 사랑의 노래는 보는 이를 흐뭇하게 만들기도 했다.

도시의 힘겹고 바쁜 마음을 잠시 쉬게 하는 산사의 정취 속에 아무 생각없이 묻히고도 싶은 바램이 밀려드는데, 발밑으로 알게 모르게 사라져가는 생명을 위해 발보리심 합장하는 효심행 법우의 모습이 눈에 들어온다. 그 지순한 모양새에서 부처님 품안에 사는 행복한 모습을 발견하고 혼자 웃었다.

불교공부를 하는 과정에서 신행의 방향을 잡지 못해 허둥대는 불자들에게 염불선을 주창하시어 부처님 안에서도 아파하

부처, 곧 인자하신 어머니

고 아직 일주문 밖에서 서성이는 이들에게 감로의 법음을 내려주신 청화 큰스님.

태안사에 몸담고 수행하시는 그분은 여러 가지 공부 방법 중에 그것이 참선이든 간경이든, 참회법이든, 혹은 화두법이든 게으르지 말고 열심히 할 것을 가르치신다.

일흔의 세수임에도 대중을 향해 정중히 합장하여 허리를 굽히시는 큰스님을 뵈오며 가슴 깊숙이 다가오는 투명한 느낌을 체험하였다.

그분과 우리들 사이에 이어지는 강한 일체감, 그렇다.

"부처, 곧 인자하신 어머니. 널리 자비의 젖을 주시고 우리를 지키시었네…."

부처님의 품안에서 그분과 내가 둘이 아님을….

더 머물고 싶었던 동리산 태안사, 그곳이 구산선문이어서만은 아닐 것이다. 오탁악세에 허덕이며 100년도 못가는 인생을 살면서 시기 반목하고 가난과 질병 속에 허덕이는 이들을 외면하며 아귀처럼 배만 채우고 바람 앞에 등불처럼 위태로운 명예와 권력 앞에 허겁대는 이들에게도 우리의 어머님, 부처님께서는 사랑 주심을 외면하지 않으시니….

부디 알아지이다. 알아차려지이다.

사람으로 태어나 사람의 가치가 무엇인지…?

보살을 친구삼고

　항상 바르게 살려고 노력하면 이것이 곧 부처님의 법을 지키는 생활이다. 부처님을 받들고 그분이 가르치신 법을 지키는 진실한 불자가 올바른 사람이다.
　부처님은 가장 밝으신 빛이니, 우리가 밝음을 찬양하고 마음속에 항상 밝음을 연습하며 살아가는 그것이 곧 수행생활이다. 수행생활을 하는 이는 어떤 일이 닥쳐오더라도 낙심하거나 좌절해서는 안된다.
　그리고 나도 무엇이든 할 수 있는 능력의 소유자라는 것을 깨닫고, 잘하려고 하면 잘된다는 것을 의심하지 않아야 하겠다.
　어떠한 경우라도 자신의 허물을 살펴서 고치기에 힘쓰고 남의 잘못을 캐거나 남을 원망하는 죄업을 짓지 말아야 하겠다.
　얼마 전 성불사를 다녀오면서 여러 가지 많은 생각들을 하게 되었다.

새로운 불교운동을 한답시고 포교사가 되어서 대중적이지 못하다는 질책을 타인으로부터 들을 때마다 자신을 돌이키며 혹시나 하는 의문으로 고민해 왔었다.

그러나 자신에게 분명한 확신을 가져야 했고 낙심해서는 안 됨을 다짐해야 했다.

더 많은 불자가 포교사가 되어 직접 부딪혀보고 나서야 타인의 모습에 대해 이러니 저러니 질책해야 옳으리라는 생각이 든다. 이 땅 모든 불자가 포교사가 되면 저절로 그런 문제들은 해결이 될 것이다.

일주문 밖에서 절의 주인을 만날 수 있는가?

아무리 진수성찬을 차려놓은들 배고픈 자가 먹어보지 않고는 배부르지 않듯이 불자도 행복을 구하려면 백날 좋은 말만 할 것이 아니라 실제로 행해야 한다. 실천하지 않으면 그 말은 생명이 없고 되려 가슴 속에 허구심만 차오르게 된다.

불행은 신이나 부처님께서 내리는 것이 아니다. 현재 내가 갖는 미련한 마음, 옹졸한 성격, 조급한 생각, 불평 불만들이 불행을 자초한다. 지금 풀 한포기 없는 밋밋한 들판이라도 여름엔 무성한 잡초가 우거지고 가을을 지나 겨울이면 절로 종적을 감추듯 예전에 지은 잘못이 붙고 떨어져 아픔과 괴로움이 일어나기도 하고 사라지기도 하는 것이다. 철저한 인과, 자신이 지은 만큼 받고 자신의 마음 따라 주위도 바뀐다.

조선의 개국자 이성계와 무학대사의 대화를 재현해 보자.

이성계가 대사에게 돼지 같다고 하자 대사는 오히려 웃으며 이성계를 부처님 같다고 한다. 돼지의 눈에는 만물이 돼지로 보이고 부처의 눈에는 부처로 보인다며 이성계를 깨우친 유명한 일화를 모르는 이가 없을 줄 안다.

그렇다. 내가 밝아지면 모든 것은 밝아진다.

사람이 이기심과 사행심으로 허황된 생활을 한 결과로 귀신이 난동하고 재난이 따르며, 불의의 사고도 만나는 것이다.

참으로 사람의 도리를 다하고 성인의 가르침 따라 적게 먹고 적게 자고 남을 위해 많이 일한다면 극락이 따로 있을 것인가? 극락도 이 생에서 연습해야만이 다음 생에서 만나지는 법이다.

부처님 말씀에 이르는 곳마다 부처님 나라 아님이 없고, 하는 일마다 부처님의 한량없는 은혜 속에서 주인된 일이 아님이 없다고 하셨다.

신앙생활은 바로 이러한 마음을 바탕으로 부처님 말씀에 어김없이 사는 일이다.

스스로 어리석다는 것을 알 때, 곧 부처의 자리를 안다. 진실한 마음으로 예경하고 《금강경》 독송하며 주인공 불성의 소리를 들으라.

부처님을 스승으로 모시고 보살을 친구로 삼아라. 그리고는 우리 한 번 외쳐보자.

"나는 행복하다. 나는 멋지게 살고 있다. 너도 행복하리라. 온누리가 은혜로 가득하다."

이렇게 매일 다짐하며 산다면 우리는 나누는 기쁨의 보살이리니.

수효 행자의 하루

　　나무아미타불을 염하는 것이 만세의 괴로움을 뛰어넘는 묘도妙道요, 부처를 이루고 조사가 되는 정인正因이요, 삼계인천三界人天의 안목眼目이요, 마음을 밝히고 성품을 보는 지혜등智慧燈이요, 지옥을 깨뜨리는 용감한 장수요, 올바르지 못한 것을 베는 보검이요, 팔만종지의 중요한 대로요, 암흑세계를 밝히는 명등이요, 생사를 벗어나는 약방문이요, 고해苦海를 건너는 나룻배요, 삼계를 뛰어넘는 지름길이요, 최존최상의 묘문妙門이며 무량무변의 공덕이니라. 이 일구를 기억하여 염념念念이 항상 나타나고 시시로 마음에 떠나지 아니하며 일이 없어도 이와 같이 염불하고 고통이 있을 때도 이와 같이 염불하며 살아있을 때도 이와 같이 염불하고 죽어서도 이렇게 염불하여 일념一念이 분명하면 또 무엇을 다시 남에게 물어 갈길을 찾으랴.

—선정쌍수집요 中 육조 혜능조사의 염불 찬탄—

몸과 마음 바로하여 효행의 길 사람의 길을 수행하는 수효 법당.

성훈 큰스님의 포교 유업을 받들며 스스로 미래불 되길 서원하며 예불참회로 삶을 이어가는 이곳엔 부처님께서 중생으로 오신 날을 기뻐하며 진달래빛 연등을 만드는 손길마다 금방이라도 연꽃이 피어날 것 같다.

공양실에선 원주보살의 찬 만드는 내음이 모자람없는 행복으로 법당을 메운다. 이대로 좋으리….

설사 그것이 이상이며 집착의 한 생각이라 할지라도 부처님 밝게 모시려는 젊은 공부인의 뜨거운 구도열인데 뉘 있어 시비를 가릴 것인가?

새벽 5시, 잠에서 덜 깬 새벽공기를 가르고 "대안, 대안"을 외치면서 서라벌 거리를 밝음으로 인도하던 대안보살을 생각하며 우리는 예불을 모신다.

"저희가 올리는 한 잔의 옥수가 만 중생의 병마를 다 낫게 하는 감로차가 되길 서원하며 항상 부처님의 가피와 은혜가 함께하는 자비성중 되길…."

발원문을 소리 높여 함께 봉송하고 반야심경을 독송할 때 지난밤 동안 흐트러진 정신을 모두어 맑힌다.

108참회, 죽비소리에 맞추어 육신에 짊어진 업의 무게가 녹아지고 10여 대중은 모두 보현보살이 되는데… 40여 분의 대중 정진이 끝나면 각자 서원에 따라 참회 정진, 《금강경》독송, 염불 정진이 합송되어 법당은 어느 새 미타정토이다.

6시 20분, 공양 시간을 알리는 목탁소리가 '똑똑똑' 울리고 가벼운 마음으로 공양실로 모여들면 합장 정례와 공양 게송.

'이 공양으로 몸과 마음 바로하여 모든 중생에게 이익과 기쁨되길 발원합니다.'

6시 40분, 소임 따라 도량 청소에 임하고 아미타불을 염하며 청정으로 다듬어진 이 법당에 불·법·승 삼보님의 항상하심으로 인연 불자의 지혜와 복전의 터전 되길 기원하는 시간이다.

7시, 소임을 끝낸 법우들이 원효방으로 정신을 챙겨들 때 죽비 3성….

'모든 부처님의 증명하심으로 제경을 공부하는 선인 공덕으로 이 땅 모든 중생들이 삼독의 무거운 짐을 벗고 문수대성의 밝으심으로 나아가길 서원.'

혜능조사의 법문인 《법보단경》을 읽고 새기는 이 시간은 우리에겐 마음의 문을 여는 너무도 값지고 봄향기처럼 따사로운 복전의 시간이다.

연푸른 차를 달여 나누어 마시는 멋스러움이 곁들여지는 이 시간을 맺으면서 7시 30분, 아침 대중공사를 끝내고 출근 준비를 서두르는 등 다들 각자의 자리로 돌아간다.

염불이다.

부처님 모시고 부처님 되는 염불로 하루를 열어가며 삶의 무게를 진달래빛 향기로 바꾸는 정진행인 염불로 이어진다.

출근하는 버스 안에서도 정랑에서도 염불이 이어지고 염주를 굴리며 선악의 분별을 성큼성큼 풀어놓는다.

법당에 남은 원주는 사시불공 준비를, 원장은 수효 가족의 인연줄을 점검하는 사무를 시작하며 '부처님 시봉 밝은 날과 같이 복 많이 짓길 발원'을 염하고….

수효법당을 찾는 상담자는 하루 동안 끊임없이 이어질 때가 많다. 그들에게 차를 대접하고 다과를 내오면서도 염불은 끊일 줄 모른다.

저녁 예불에 맞추어 일터에서 하나 둘 식구들이 돌아오면 7시에서 8시 30분에 걸쳐 매일 법회가 진행되고 어김없이 9시 30분에 《금강경》 3독 정진법회로 하루를 마무리한다.

10시 30분에 정성스러운 마음으로 대중헌공, 작은 신심 모아 금강정토를 이루려는 큰 서원이다.

자정이 되어 잠자리에 들 때까지 각자의 기도가 이어지는 염불이다.

우리는 염불로 살고 염불로 양식을 삼고자 한다.

그리하여 나아가 이 땅 모든 이들도 함께 염불로 자양분되길 발원한다.

나무아미타불…

기도란 무엇인가

어떤 사람이 우물 속에 빠져있는 황금 덩어리를 줍기 위하여 내려가서 찾았으나 허사였다. 아무리 반복하여 찾았으나 결국 황금 덩어리를 포기할 수밖에 없는 상황에 절망하여 하늘을 향하여 고개를 치켜들었다. 그 순간 마침 우물 쪽으로 드리워진 감나무에서 그는 찾고자 했던 황금 덩어리를 찾는다. 절망의 끝에서 얻게 된 보물의 소중함은 나그네만이 알 수 있는 기쁨일 것이다.

신앙생활과 기도는 늘 함께한다.

먼저라든가 나중이란 말은 필요치 않다.

신앙의 힘은 기도가 되고 기도는 신앙의 힘으로부터 생겨나고 기도는 신앙생활의 영양분이 된다.

기도란 무엇인가? 넓은 덕으로 이야기할 때는 불교인으로서 부처님을 따르고 그 가르침을 배우고 실천하는 일체의 모든 정신력이라 해도 과언이 아니다. 하는 일마다 부처님 일 아 님이 없고 기르는 꽃마다에 부처님이 아니 계신 곳 없다.

　기도의 참된 가치 구현은 무엇보다도 그것이 정법이냐 사법이냐에 따라 지어볼 수 있다. 마음으로 원하는 바를 간절히 기원하여 불보살님의 가피를 입고자 하는 신앙행위, 닫혀 있는 마음의 문을 열고 부처님의 세계로 나아가는 생명력을 꽃피우는 것이라 할 수 있다. 또한 불행의 늪에서 행복의 세계로, 재앙과 액운의 늪에서 안녕 고요의 세계로, 불화의 고통에서 화합과 즐거움의 세계로 나아가고자 하는 불교가 갖는 출발선상의 이야기라 할 수도 있겠다.

　부처님께서는 사성제 법문에서 모든 것이 괴롭다라고 말씀하셨다. 그러므로 그 괴로움으로부터 벗어나라고 하셨을진댄 이는 팔정도(도성제)를 실천하여 행복의 세계로 진입한다는 근본 교리에 연유한다 할 수 있다.

　신앙의 시작이 고통에서 비롯된다고 볼 때 고통에서 벗어나고자 하는 모든 것은 기도라고 할 수 있겠다. 인간의 이기적인 욕망을 바꾸어서 자신의 참된 가치를 되찾고, 삶의 질을 높이도록 올바른 가치관을 정립케 하는 것도 기도인 것이다.

　무한 능력과 무한 자비를 느끼지 못하고 확신을 갖지 못하면 그 기도는 애당초 방향 설정이 잘못된 것이라 할 수 있다. 그러므로 기도자는 우선 불보살의 은혜에 확신을 가져야 한다.

　기도는《화엄경》의 믿음은 모든 공덕의 어머니라는 말씀처럼 믿음으로써만이 할 수 있다. 마음의 구심점을 찾아서 믿음을 가지면 기도의 감응은 나타날 수밖에 없다.

　바닷물을 먹어보아야 바닷물의 짠맛을 알듯이 기도를 해봐야 그 참뜻을 알 수 있다. 설령 그것이 맹목적인 기도일지라도 크게 다를 바가 없다. 기복적인 안위를 요구한다 해도 자신의 요구사항에 의해서 이루어지는 신앙 형태이기에 더욱 그러하다.

　기복 성향의 기도를 타파해야 될 것은 아니다. 서양적인 종교 성향인 맹신불교를 깨뜨려야 한다.

　흔히 부처님을 지혜와 복덕을 양족했다고 한다. 지혜는 보리요, 복덕은 보살적 자비행이다. 어쩌면 둘은 둘일 수 없는 한 몸이다. 지혜가 등불이라면 복덕은 양식이 된다. 우리가 말하는 복이 많다는 일반적인 견해도 인격을 수반하지 않는 복을 복이라고 하지 않는다. 그것이 재물이든지, 명예든지를 가리지 않고 인격이 없는 것은 동물적 풍요로움이 될지언정 복이라고 할 수 없다.

　서양 종교는 맹신을 근본으로 하여 이루어지는 노예적 종속 기도를 하고 있다. 불교적 가르침에 바탕하고 있는 복이라는 것은 참으로 우리가 갖추어야 할 요건이 된다.

　복이 모자라서 나라가 온통 모순의 악순환에 허우적거리고 있다. 참된 기도란 결국 복덕스런 사람이 되어야 할 것이다. 다만 상대적 개념으로 볼 것인가 절대적 차원에서 볼 것인가에 차이가 있을 뿐이다.

　범부가 성인되는 길, 인과응보 고마워라. 출발점은 다를지라도 결과는 한 곳으로 모여질 수밖에 없는 우주적 진리 앞에 사람을 현혹케 하는 것은 참과 거짓을 분별하는 터무니없는 식자의 어리석음이다. 세상을 혼탁하게 만들고 중생을 간접, 직접으로 고통의 늪으로 빠뜨린다는 생각을 지울 수 없는 것은 왜일까?

기복불교를 타파하자는 언어 독력만 없었더라면 불교 신앙의 순수성은 지켜지고 그 빛을 발했을지도 모른다는 생각이다. 반가운 친구를 만나도 지갑에 돈이 없으면 저녁 한 끼도 대접키 어려운 상황에 서보지 않고서는 돈의 소중함을 모르듯이 복을 구한다는 것은 사람의 가장 때묻지 않는 바람이자 인간 모두의 궁극적 염원이 될 것이다. 부처님께서는 너무 가난해도 불법에 귀의하기 어렵다고 하셨다.

기도를 통하여 가정의 화평을 이루어야 하며 불보살의 수기를 받아야 수행자이며 이러한 힘과 예지로 도탄에 빠져 있는 사람들을 구원하기까지도 한다. 그래서 복을 구하고 안심입명하는 기복불교는 이고득락에 상응하는 불교의 정의에 가장 근접된 신앙행위이자 목적이라고 할 수 있다.

종속적 끄나풀의 세상을 속이고, 사람을 시기하는 일체 행위를 요구하는 기도의 의미는 우리가 달리 해석해 진정으로 비판하여야 한다. 즉 곤궁에 처해 있는 자가 일확천금을 노린다든가, 사행적 능력을 요구한다든가, 아니면 신비적 체험을 통하여 얻어지는 비상한 능력을 갖추는 것을 위한 기도는 그 길을 바르게 인도해야 한다.

참다운 기도는 논리적으로 표현하거나 나타내는 것을 오히려 또다른 겉치레 관념의 틀을 만든다는 생각이 들게 한다.

신라의 자장율사는 기도를 통하여 문수대성을 친견하고 석존의 진신정골사리를 모셔왔다. 이를 있을 수 있는 일일까 반문하기에 앞서 문수대성을 친견할 수 있을 만큼 그런 간절한 염원으로 기도를 해봤는가를 묻고 싶다.

물론 전해오는 이야기로는 이 땅의 어느 곳에서도 기도를 통하여 불보살의 가피를 입지 않는 사람이 없다고 한다. 그러나 꼭 그렇다 해서 기도의 요목은 정해져 있지 않다고 본다.

여름 휴가를 이용하여 산사에서 4, 5일 정도의 수련을 통하여 인생의 가치관이 바뀌는 일이 있었다면 그것은 무엇보다 가치있는 기도가 아니겠는가. 우연히 산사를 지나다 저녁 예불 모시는 그 엄숙한 모습에 관념의 틀이 깨어져 이웃을 사랑하는 마음(믿음)을 얻을 수 있다면 이보다 훌륭한 기도가 있겠는가. 늘 자신과 삶의 앉은자리를 따라 일어날 수 있는 넓은 의미의 기도가 참된 기도가 아니겠는가.

불교의 출발은 믿음이다. 그 믿음을 구체화하는 것은 밤 따라 잠이 오듯이 교리적 배움이 될 수도 있다. 혹 자신과 스승의 훈교에 따라 이루어지는 기도는 이미 도식으로 빠지기 쉬운 기도 속에 기도를 하는 벙거지 쓴 여름 사나이가 될 수도 있겠다.

기도는 무엇보다 믿음과 확신으로 시작되어지고 부처님께서 설하신 깨달음의 결정체라 할 수 있는 연기, 인과를 심고 가꾸어 가는 농부의 애씀이라 할 수 있겠다.

숙명과 운명을 조정하고, 생사를 뛰어넘는 길을 개척하는 기도에 진입했을 때는 이미 기도라는 의미도 수행이란 의미도 찾을 수가 없다. 오직 불이不異의 경계를 따라 노니는 한가로운 구름같은 도인의 모습만이 보일 뿐이다.

이처럼 기도는 주어진 삶을 보다 나은 세계로 이끌어가는 일체의 행위라 할 수 있다.

적게 먹고 적게 자야 하는데

　부귀를 누리면서도 하심下心하고 자비를 행하는 자는 제1의 수행자요, 가진 것이 없으면서 하심下心하며 자비를 행하는 자는 제2의 수행자며, 부귀를 누리면서 아상我相으로 권력과 금력을 행하는 자는 제3의 수행자요, 가진 것이 없으면서 아상我相으로 불평불만을 행하는 자는 제4의 수행자로서, 1·2는 업장을 소멸시키는 수행자요, 3·4는 업장을 지어나가는 수행자다. 수행자는 풀뿌리 나무껍질로 몸을 가리고 맨발로 거니는 자세로 적게 먹고 적게 자며 8·9식인 무아의 보살을 기본으로 행하여야 한다.
　근래 수행자들은 1·2를 행하는 자는 적고 3·4를 행하는 자들이 많다.
　머리에는 짐승털로 만든 모자를 눌러쓰고 귀는 짐승털로 만든 귀마개를 하며, 코와 입은 짐승털로 만든 마스크를 하고 목은 짐승껍질로 두루며, 몸에는 고급 옷으로 몇 겹으로 꺼입고, 손에는 가죽 장갑을 끼며 발에는 몇 켤레의 양말에 가죽구두까지 신고, 먹는 것은 하루 세 끼가 부족하여 간식까지, 그도 부족해서 보약까지 먹고는 살 빼려고 살 빼는 약까지 먹는다. 마음써야 할 7~10식은 잃어버리고 1~5식을 따라다니며 축생·아귀·수라·지옥 찌꺼기 만드는 자는 많고, 7~10식인 성문·연각·보살·부처의 길을 사유하며 1~5식을 다스리는 자는 적다.

선禪이란 1~8식을 단절하고 9식으로써 10식에 이르려는 명상, 즉 사유인 것이다.

간경, 염불도 또한 위와 같으니 8만4천 경전과 1천7백 공안이 염불(10식을 사유함)로 귀착된다.

바위굴 나무 밑에 고요히 앉아 10식을 사유하며 모든 행을 염불로 행하는 자, 수행자가 된다.

모든 단체 모든 종교는 예식과 절차로 보존되는 것이요, 모든 수행은 9·10식에 이르러 9·10식의 행을 하는 것이다.

삼라만상은 10·9식의 화현이다.

삼라만상의 원점은 9·10식이다.

두두물물頭頭物物이 진법신眞法身이요,

미타彌陀(9·10)의 일대행상一大行像이다.

돌아가 의지하옵니다. 한량없는 빛이시며, 한량없는 생명이신 아미타 부처님이시여!

마지막 하나 남은 중생까지도 구원해 주시는 대원본존 지장보살님.

선禪의 제일은 공양주 선禪

　책은 시각교육이요, 녹음기는 청각교육이며, 강의는 시청각 교육이다.
　책이 잘됐다 잘못됐다 평하지 말라.
　자기가 자기 소리를 녹음하였다가 다시 들어본다고 생각하라.
　세상을 살아가는 방편은 8만4천 가지가 있으므로, 자신의 이야기는 사회인에게 8만4천분의 1이 필요하며, 자기 자신을 반성하는 도구라고 생각하라.

　불평 불만을 갖지 말라.
　불안과 공포와 허위로써 말하지 말라.
　남의 단점과 비밀을 파헤치지 말라.
　자기 자신의 단점과 비밀을 털어놓아라.
　백 번 듣는 것이 한 번 보는 것만 못하다고

하였으니, 단점을 들고 옮기지 말라.

선禪 중에 제1의 선이 공양주선이요, 제2의 선이 부목선이며, 제3의 선이 화주선이요, 제4의 선이 염불선·조사선·여래선·화두선·공안선 등이다.

행주좌와 어묵동정이 구비선이라고 하면서 어찌하여 좌선만 선이라 하는가. 우리는 육식 중생임을 깨달아 근기 따라 수도의 방편이 다르니 점수문을 인증하면서 돈오문도 사유하자.

30년 전만 하더라도 한글을 모르면 문맹자였으나, 10년 전부터는 외국어를 못하면 문맹자요, 지금은 외국어 두세 가지를 못하면 문맹자라 한다.

동양의 언어는 한문권으로 관념과 도道가 있고, 서양의 언어는 영어권으로 사상과 유머가 있다. 근래에 유식한 사람들이 등산을 산행이라고 하고 있으니 등산과 산행의 낱말을 풀어보자.

등산의 어원은 산山 등嶝선에 오른다는 뜻이요, 등산의 어의는 산등선에 오르면 마음이 툭 트여서 등각을 이룸과 같다하여 등산이다.

한데 언제부턴가 산행의 어원과 어의는 없어졌다. 그러므로 등산은 살아있는 단어요, 산행은 죽은 단어다.

어원 + 어의 = 단어가 되는 것.

종교란 종족이 어원이 되고 교훈이 어의가 되며, 과학이란 결과가 어원이 되고 학문이 어의가 된 것.

어원과 어의가 없는 이 시대를 살아가는 독자들이여, 한문을 배워야 한다. 자성도 감정도 구분하지 못하고 부모와 선배와 상급자에게 주먹질하며 돌 던지는 상식없는 무리들이여, 하늘은 속일 수 있어도 자신의 양심은 속일 수 없다. 상식이 없는 자는 양심의 기준이 없으므로 감정이 무엇인지도 모른다.

독자들이여! 세상을 보는 눈은 국제적이면서 종족을 초월해야 하고, 행동은 애국적이면서 가정적이어야 한다.

《절로 절로 저절로》

이 책을 읽고 느낀 점이 있다면 일가 친척 친구들에게 한 권씩 전해주기 바란다. 이 책은 소설이나 수필이 아니다. 구심점을 밝히는 과학·철학·종교요, 학문적인 신앙으로서 개념·이념·관념을 따라 유물론·유신론·유심론으로 꾸며져 있다.

긍정을 위한 부정론자는 될지언정
부정을 위한 긍정론자는 되지 말라.
인격으로 가는 채찍은 불평하지 않는다.
중생의 구심점은 붓다요,
민족의 구심점은 단군이며,
생활의 구심점은 원효임을 깨달아.

우리 후손에게 전해줄 이 국토를 단기의 연호로 되살리면서, 다른 한편으로는 역사와 사상을 왜곡시키며 우리 문화를 왜곡한 귀신들의 앞잡이와 사상의 침략자들은 물론, 이에 동참한 민족 반역자들을 미덕으로 교화 선도시키는 인격과 안목을 갖추어야 함은 우리 민족이 가야 할 길이다.

자비는 삼계의 어버이 마음

선의 제일은 공양주 선
◆

시기 질투를 미덕으로 물리치며
풀벌레와 무간지옥 중생까지
근기와 업보 따라 구제하시는
8만4천 변신의 대자대비심
찬란하고 거룩한 길, 붓다의 길
석가모니 부처님이 가르치셨네.

빛光

동방의 빛
빛은 생명이다
빛을 향하여
빛나는 얼굴
빛을 찾아서
한줄기의 빛
빛을 타고 왔다
빛을 받았다
빛을 놓았다
빛나다

역대 성인 철인 종교가들의 빛에 얽힌 이야기가 있다.
빛은 8식이다. 구심점의 10식에서 9식의 자비심을 일으키며 자비심의 행동이 8식의 빛으로 화하니 우주의 물질적 근본은 빛이라 하며, 빛 자체가 우주의 최초 생명이 된다.

인간은 사람의 생명만이 소중한 줄 알고 있으나 모든 존재는 생명이 있고, 생명은 인식이며 감정이 있다.

풀잎에 있는 아무리 작은 버러지라 하더라도 감정이 있어 소리를 내는 것이요, 인식이 있어 움직이며 행복을 추구하기에 종자 번식을 시킨다.

"지렁아, 너는 어째서 밤에만 염불을 하니?"

"응, 나는 낮에는 땅을 갈아야 한단다."

"뭐, 네가 땅을 간다구?"

"그래, 내가 땅을 갈아주지 않으면 땅이 단단해져서 저 풀과 나무가 자랄 수 없단다."

이름없는 숲속의 작은 잡초 한 포기도 인식과 감정이 있어 잎이 나고 꽃이 피며 종자 번식을 하고 있다. 자라는 나무를 꺾지 말며 자라는 풀을 밟지도 말라. 오직 기도와 수도와 효도를 위해서만이 풀과 나무를 뽑고 베어라. 수행자와 효자의 손에 죽은 모든 생명은 천상과 극락에 태어나기 때문이다.

거룩하고 찬란한 수행자
아름답고 자랑스러운 효자
수도하며 효도하는 선구자에게는
천신도 자신도 산천초목도
맹수 독충 생명이 있는
모든 중생 지옥중생까지도
그를 공경하고 찬탄한다.

"국화야, 너는 어째 늦은 가을에만 피니?"
"응, 우리 엄마가 늦은 가을에만 피라고 그랬어."
"뭐, 너도 엄마가 있니?"
"그래, 작년 가을에 이곳에 피었던 꽃이 바로 나의 엄마란다."

수도와 효도를 하지 않는 자는 물 한 모금, 밥 한 순갈도 소화시킬 수 없으며 먼 훗날 인과로 다 받게 되는 것을 왜 모르는가. 본능을 추구하지 말라. 영원성을 추구함은 업보가 증가하며 끊없는 윤회를 벗어날 수 없다.

본능을 제거하라. 영원성을 제거함은 업보가 소멸되고 윤회가 제거되어 해탈이요, 열반의 자유를 얻으니 그가 곧 수행자요, 효자가 된다.

> 빨간색도 인식이 있어 빨간색이요,
> 파란색도 감정이 있어 파란색이며,
> 노란색도 인식이 있어 노란색이다.

하나의 돌, 한톨의 모래, 버려진 휴지에 적힌 한 자의 글씨에도 생명이 있고 인식과 감정이 있으니 옷 한 벌, 신 한 켤레인들 인식이 없겠는가. 차를 빌려줘 보고 시계를 빌려줘 보고 옷을 빌려줘 보라. 그리고 빌려서 사용해 보면 생명이 있음을 알리라.

지상의 모든 색소가 감정과 인식이 있으니 저 태양빛이 왜 인식과 감정이 없겠는가. 소리도 생명이요, 광자도 생명이다.

법안으로 보면 우주는 불국토요, 육안으로 보면 우주는 땅덩어리다.

삼라만상은 불보살(10식의 구심점과 9식의 자비심)의 화현(8식 광자, 7식 원소, 6식 세포, 5식 육신, 4식 입, 3식 코, 2식 귀, 1식 눈)이라 하였으니 인간은 6식의 선악식으로 선악의 교량이 되며 빛은 8식의 무아식으로 공과 유의 교량이 된다.

12인연이 8식 연기설이 되는 것도 우주는 빛의 물리현상임을 알고 각자 자성은 10·9식임을 깨달아 빛을 조종하는 수효행자가 되어야 한다.

쓰고 남아 버린 물건은 거름할 것, 거름하고 재생할 것, 재생하고 남은 것은 불에 태워 그 영혼이 빛을 타고 극락에 가게 하여야 한다.

이 세상의 모든 학설과 신앙은 영원성을 추구하는 학설 학식에 집착하여 말장난에 불과하고 이익을 찾아 이중 성격으로 정치 종족 침략의 앞잡이에 혈안이 되고 있음을 알 수가 있다.

1~5식의 감정을 묘사하지 말라.

7~10식을 추구하는 불자가 되라.

삼라만상은 불보살(10식, 9식)의 화현이라 하였으니 8~1식은 불보살의 그림자가 됨을 알라.

사랑에는 원수가 없어야 한다

자비란 9식의 자성식으로서 예뻐할 자慈, 슬플 비悲, 혹은 상구보리 자慈(삼귀의) 하화중생 비悲(사홍서원)이다. 이것은 다른 종교인은 지옥에 간다고도 아니하고, 갈 것이라고도 아니했다. 단지 구심점을 망각한 자에게 구심점을 가르쳐 주려는 것이 자비심이다.

그래서 타종교를 시비하거나 비방하지 않으며 남을 저주하거나 질투하지 않으니, 악마 마귀 사탄이라는 식의 유치한 악담 따위는 없다.

박애는 6식의 선악식으로서 '원수를 사랑하라. 오른뺨을 때리면 왼뺨을 내밀라'고 하였으니 '원수가 없으면 사랑도 없어지므로, 원수는 영원히 없어질 수 없다' '오른뺨을 때리면 왼뺨을 내놓으라' 한 것은 뺨이 없어지지 않는 한 때린 사람은 계속 때리고 맞는 사람은 계속 맞고 있어야 한다.

박애를 9식으로 본다면, 나를 믿지 않는 자는 지옥으로 보낸다는 등 남의 종교를 마귀 사탄 악마로 몰아부치거나 나라와 민족 침략을 하지 말아야 하며, '유태족만 구제를 받는다, 기독교인만 구제받는다'는 말은 없어야 한다. 또한 민족의 신앙과 조상 숭배를 미신 우상 사탄이라고 몰아부치지 말아야 한다.

신앙은 자유라는 말을 하지 말든지 남의 신앙을 비방하지 말든지 그 교육이 문제로다.

기독교의 박애는 6식의 선악식으로서, 가는 곳마다 평화를 앞세운 채 지구의 멸망 심판 종말 등의 유언비어로 공포와 전쟁을 일삼아 정치와 경제를 침략하고 있다. 세계의 2만 여 종교가 유일신 사상을 표방하고 있으나 유일신이라면 어찌하여 상대성을 나타내는가.

상대성은 선악이요, 원수와 은인이므로 절대성이 아니다. 선악과 은인을 절대화하려면 참회와 반성으로 상대를 인정해 주어야 한다.

그러나 2만 여 종교가 모든 상대를 인정한다는 것은 말뿐이고, 사실은 침략과 모략을 일삼고 불평 불만을 내세우며 불안과 공포의 도가니로 만들고 있다.

만약 2만 여 종교인들이 구심점을 안다면 모두 공존으로 인정해 주고 싶으나, 구심점을 모르기에 구심점으로 가는 과정이라고 본다.

생감을 먹으면 떫다. 그러나 생감이 떫다고 버리지 말라. 기다리면 달아진다. 세계 2만 여 종교의 종교인들이 머지않아 구심점을 깨닫게 될 때까지 그들을 일깨워주자.

박애는 6식의 상대식이요, 자비는 9식의 자비식이다. 박애를 자비라고 하는 것은 우상숭배를 부정하면서 십자가를 모시는 것과 같은 이율배반적인 행위다. 종교는 상징이요, 철학은 우상이다. 종교를 우상이라 하는 것은 상식 부족이다.
　세계 2만 여 종교는 상대적인 사상으로서 아상 명예 침략의 철학이지 종교가 아니다.
　종교라는 이름도 사람이 만들어낸 사람 사는 이야기다.
　그러므로 우리가 종교를 믿는다는 것은 흩어지는 자연의 가르침을 깨닫는 데 있다.

불교는 사라지고
영혼의 아버지는 영원해야 한다

　그 시대 그 사회의 흐름은 생활과 사상과 그 시대의 인격으로 형성된다.
　인심은 강자에게서 약자로 흐르고 물은 많은 곳에서 적은 곳으로 흐른다.
　노예해방 하면 대부분 미국의 링컨 대통령을 떠올릴 것이다. 그러나 사실은 노예해방이 아니라 흑인해방이었던 것이다. 흑인이 노예가 된 원인은 십자군과 마귀 화형식을 거행했던 바로 그 범인들 때문이었음을 알아야 한다.
　아브라함 링컨은 세계적 영웅이다. 그는 흑인해방을 위해 미국에 남북전쟁을 일으켜야 했고, 그로 인해 많은 사람들이 피를 흘려야 했다. 인류의 역사가 시작되면서부터 얼마나 많은 정치가와 사상가들이 나라와 민족을 지키기 위해 피로 역사를 적시며 자기 집권에 혈안이었고, 또 앞으로도 얼마나 많은 피를 흘리게 할 것인가.

우리나라는 고종 때 일본인들에 의하여 단발령이 내려지면서 사士 농農 공工 상商 제도와 7대천인 7대상놈 제도가 없어졌으므로 일본인에 의하여 우리나라 노예제도가 없어졌다.

누가 동양에, 한반도에 빈부귀천 사농공상의 노예제도를 만들었는가. 인류 역사상 성인들이 종족분열과 침략정책의 주인이었고, 사상가 철인들이 이중성격으로 인류를 위하는 척하면서 자기 욕심을 채워왔으니 약한 국민으로서 자유를 찾아 국민이 흘린 피의 눈물이 강이 되어 이 순간도 흐르고 있다.

2500년 전 인도 카필라국에서 태어난 석가모니 부처님은 그 당시 인도의 엄격한 계급제도인 카스트제도를 보고 '인간의 성품은 평등하다. 다만 인격의 차별이 있을 뿐이다. 인간만이 아니라 짐승들도 불성을 지니고 있다'고 말하며 종족차별을 부정하고 노예해방을 시키면서 한 방울의 피도 흘리지 않았다. 뿐만 아니라 인류 역사 이래 10만 여 철인 사상가들이 살다 갔으나 동물 애호가는 몇 명 있었으나 동물 해방(살상하지 말라)을 시킨 분은 석가모니 부처님 단 한 분뿐이다. 또한 세계의 2만 여 종교 교주들이 모두 자기를 믿지 않는 자는 지옥으로 가리라 하였으나 오직 석가모니 한 분만이 지옥 중생까지 해방시키리라고 하셨다.

세계의 종교들은 정치인의 정치도구로 이용당하고 기업가들의 경제도구로 이용당하며, 침략자들이 간첩 활동을 하면서도 신神을 신앙信仰하지 않는 자는 지옥으로 간다고 했다. 그러나 부처님은 지옥에 남은 마지막 중생까지 구제하라 하셨고, 지장보살은 지옥에 남은 마지막 중생까지 성불시킨 후에 자신도 성불하겠다고 하였다.

석가모니는 노예해방, 번뇌 망상의 해방, 동물의 해방, 지옥을 해방시킨 왕 중의 왕이요, 성인 중의 성인으로 중생의 아버지다.

인류가 존재하면서 신앙도 존재했고 투쟁도 존재했다. 집안싸움, 사회싸움, 사상싸움, 민족싸움, 종족싸움, 세계는 싸움의 도가니이다. 그 중에서도 종교싸움이 많이 일어났으며, 그 싸움들은 대부분 서양귀신들이 관련되어 있다. 역사적으로 볼 때 지금까지 겉 다르고 속 다른 종교인들이 전쟁을 일으켜왔다. 또한 세계 인구의 0.3%를 차지하고 있는 유태인들이 기독교를 이용하여 서양을 삼키고 이번에는 동양을 침략하려 하고 있다.

황인종의 구심점은 불교요, 백인종의 구심점은 기독교이며, 청인종·홍인종·흑인종은 구심점인 종교가 없으므로 흩어지고 있다. 유태족은 성경을 이용하여 불교말살 정책을 펴고 있다. 이는 황인종의 구심점을 제거하기 위하여 불교를 침략하고, 황인종이 흔들릴 때 종교와 경제를 앞세워 동양권마저 유태족의 식민지로 만들겠다는 것이다.

세계 유태화 작업을 아는가. 식민지의 쓰라림을 기억하는가. 민족침략의 3대 사상은 첫째, 그 나라 구심점을 파괴할 것. 둘째, 그 나라 역사를 왜곡시킬 것. 셋째, 그 나라 언어를 없앨 것 등이다. 그러므로 황인종으로서 서양 귀신을 믿는 자는 황인종 앞에 참회하고 민족 앞에 반성하라. 세계의 2만 여 종교에서 도인이 나왔다는 말을 들어보았는가. 불교는 석가모니 이후 지금까지 도인이 지속적으로 나오고 있다. 백인종은 철학가는 있어도 도인은 없다. 예수는 철인이지 도인은 아니다. 인류 역사에 도인은 모두 황인종이었다.

불교가 사라지는 것은 슬프지 않으나, 도인 없는 인류는 애석한 일이다. 지구의 축제가 백만 번 이루어진다 할지라도 구심점을 지키는 한 사람의 수행자가 더욱 수승하다. 중생에겐 불성이 있지만 개 돼지 뱀들이 재를 지내거나 효도하는 일은 없었다. 개 돼지 고양이가 텔레비전을 보거나 전화를 걸거나 라디오를 듣는 것을 보았는가. 그러나 짐승들도 염불소리를 듣고 천상이나 극락에 태어난다고 하니, 흑인 청인 홍인 백인들도 부처님 문중에 귀의하면 천상과 극락에 왕생함은 물론 3계 4생 6도 중생의 선구자가 될 수 있으며 인간으로서 부처님의 자비 문중에 들어서면 그는 종족은 물론 생사를 초월하게 된다.

인간으로 태어나 부처님 법 안에 들어와 자성의 길을 걷는 불자들은 중생들의 선구자임을 자각하고 자비와 하심과 참회와 정진을 게을리하지 말아야 한다. 수도와 효도와 하화중생의 마음으로 뼈와 살을 깎아서 한 방울의 피마저도 경전 유통하고 사찰 보존하며 6바라밀을 행하여야 한다.

우리 육신의 어버이는 부모요, 법의 어버이는 붓다. 인류의 성품 평등으로 노예를 해방시키고 축생을 해방시켰으며, 지옥 중생까지 해방시키는 법왕은 중생의 아버지 붓다인 것이다.

아무리 미물이라 할지라도 움직이는 것은 영靈이 있으니, 모두 피안에 이르게 하고 지옥 아귀도 하루 빨리 방생하라 하신 분이 붓다.

석가모니 부처님은 현겁 4대 붓다요, 중생은 모두 불성이 있고 붓다가 될 수 있다. 자기 자성식의 근본인 구심점이 붓다다.

　불교 신앙은 석가모니 신앙이 아니라 붓다의 신앙이요, 구심점의 신앙이다.

　석가모니 붓다는 우리 중생들의 스승이다. 스승을 받드는 것은 생명의 본능이다.

　인간의 주소는 6식 선악의 세계임을 알아서 마음의 고향, 붓다의 자리인 10식의 구심점을 찾아야 한다.

　　법계의 스승이신 석가모니 붓다께서
　　중생들의 자성인 붓다 신앙으로
　　8만4천 길을 나투시니
　　자비의 어버이신 중생의 붓다.

복 없는 아이

때는 고려 중엽. 전라북도 익산현에 만석지기 큰 부자가 살고 있었으니, 이름은 강성일 거사居士였다.

그는 부잣집에 무녀독남無女獨男으로 태어나 가리는 것 없이 귀엽게 자라서 일찍 장가를 들었으나 나이 40이 되어도 슬하에 자식을 두지 못하였다. 그는 자식을 얻기 위하여 부귀富貴빈천貧賤을 가리지 않고 호사好事 난행難行을 가리지 않았으며, 대소장단大小長短 구분없이 배고픈 이에게 밥을 주고 옷 없는 이에게 옷을 주며 집 없는 이에게 집을 주고 멀고 가까운 절마다 공양미供養米를 올리는 일에 정성을 다하였다.

어느 겨울, 길이 늦어 산길을 헤매다가 불빛을 찾아가니 어린아이들만 5남매가 살고 있는 오막살이 집이었다.

그곳에서 하룻밤을 지새면서 자초지종을 들어보니 가난한 산골의 화전민火田民으로 생활하다가 양친이 일찍 죽고 어린 것들이 생활을 꾸려나가는 가정이었다.

  강성일 만석꾼은 후일 어린이들에게 집을 지어주고 논과 밭을 후하게 주어 5남매가 잘 살아갈 수 있게 하니, 주변의 공치사가 대단했지만 자식이 없으니 항상 외롭고 쓸쓸한 나날을 보냈다.

  공든 탑이 무너지랴.

  신든 나무 자지러지랴.

  좁은 길은 넓혀주고 다리를 놓아주며 노인들은 물론 가난하고 병든 자들에게 따뜻한 정을 베풀건만 나이 사십이 되어도 자식이 없으니 주변에서는 새로 장가를 들라고 하지만 부처님과 조상님이 주지 않은 자식을 새로 장가간다고 주겠는가.

  쓸쓸한 생활이 계속되던 어느 날, 미륵사 주지 스님이 찾아오셔서 하시는 말씀이 부처님께 100일 치성致誠을 드리라고 하셨다.

  누구나 어느 시대나 결혼을 하여 자식이 없으면 의원을 찾아 약을 쓰는가 하면 침을 맞기도 하고 부적을 지니는가 하면 무당을 찾아 굿을 하거나 절에 가서 치성을 드려 자식을 얻는 예가 많다. 모든 식물이나 동물은 자연의 순환기와 생리의 수태기를 따라 종자와 새끼를 번식시키지만 인간은 어느 때 어느 곳에서 건강한 남녀의 결합이 있었다 하더라도 태몽胎夢을 받지 않으면 수태가 되지 않는 것이 인간의 특징으로서 보다 좋은 태몽을 받기 위하여 누구나 기도를 올리는 것이 좋다. 기도의 방법은 각 종교마다 지방마다 조금씩 차이가 있으나 심보가 비뚤어지면 기도가 잘못된 것이요, 심보가 바르면 바른 기도가 된다.

태아교육은 이해하면서 태몽을 이해하지 못하는 사람이 많다. 태아교육보다 소중한 것이 태몽이다. 좋은 태몽을 받으려면 일상생활에 편견되지 않는 마음자리에서 수도修道하며 효도孝道하는 자세라야 한다.

지성至誠이면 감천感天이라고 하니 사주에 자식이 없는 자도 태몽을 받으면 자손을 얻는다고 한다.

강성일 부부는 가을 추수를 마치고 10월 10일, 전북 익산군 금마면 기양리 용화산 기슭에 있는 미륵사彌勒寺에 들어가 절 도량을 돌아보며 100일 기도 준비를 하여 10월 15일, 기도를 시작하였다.

미륵사는 백제시대 동양 최대의 절로서 경주 황룡사黃龍寺보다 더 큰 절이었다고 한다.

강성일 부부의 하루 일과이다.
새벽   2:30분   기   상
새벽   3:00시   예불 드림
새벽   4:00시   관음정근 시작
새벽   6:00시   새벽정근 마침
새벽   6:30분   아침 공양
오전   9:30분   관음정근 시작
오전 11:30분   오전정근 마침
정오 12:00시   점심 공양
오후   3:00시   관음정근 시작
오후   5:00시   오후정근 마침
오후   6:00시   저녁 공양

저녁 7:00시   관음정근 시작
저녁 9:00시   저녁정근 마침
저녁 9:00시   저녁 취침

이렇게 짜여진 일과에서 틈틈이 사중일을 도우면서 매일 부처님전에 천배를 올리며 엄동설한의 겨울에도 추위와 날짜를 의식하지 못한 채 1월 25일 백일기도를 회향하였다.

만석지기 부자가 백일기도 회향을 하게 되니 절에서 뿐만 아니라 인근 마을까지 3일 동안 큰잔치가 계속되었다. 이 잔치는 득남의 공덕을 짓기 위한 회향으로서 없는 사람들에게 비단 500필과 곡식 1000석을 베풀었다.

강거사 내외는 100일 동안 보고 들은 절 생활이 몸에 배었으며, 스님의 법문을 통해 돈독한 불심을 길렀다. 그 중에서도 기억에 남은 법문은 새옹지마塞翁之馬였다.

옛날 중국의 변방에 김서방 부부가 살았는데 슬하에 자식이 없이 늙어가다가 뜻하지 않은 아들을 낳았다. 온 동네가 축복의 날이 되었으나 김서방은 만년에 아들을 얻고도 아무런 표정이 없었다.

옆집의 이서방이 와서 기쁜 표정으로 "여보게 친구, 축하하네." 하니 김서방은 아무런 표정도 짓지 않으면서 "이서방, 바둑이나 한 판 하세." 하더라는 것이다.

세월이 흐른 뒤 어느 날, 김서방네 말 한 필이 없어졌다. 동네 사람들이 와서 말을 잃어버려 아깝다는 걱정을 해주며 위로하니 옆집 이서방도 와서 "여보게 김서방, 안됐지만 없어진 것을 어쩔 것인가." 하며 위로하였으나 김서방은 아무런 표정도 없이 "이서방, 바둑이나 한 판 하세." 하더라는 것이다.

이듬해 어느 날, 지난해에 나갔던 말이 다른 말 한 필을 데리고 들어오니 동네 사람들이 '잃어버린 말이 들어오면서 다른 말을 데리고 왔으니 큰 재산'이라고 하면서 좋아하니 옆집 이서방이 와서 "여보게 김서방, 자네는 대복일세 대복!" 하면서 웃으니 김서방은 아무런 표정도 없이 "이서방, 우리 바둑이나 한 판 하세." 하였다는 것이다.

김서방의 아들이 10살이 되어 새로 들어온 말을 타고 놀다가 말에서 떨어져 다리가 부러졌다. 동네 사람들은 이구동성異口同聲으로 하는 말이 새로 들어온 말이 흉사스러운 말이니 없애버려야 한다고 떠들어댔다. 그 말을 들은 옆집 이서방이 그를 찾아와 근심스러운 표정으로 "김서방, 새로 들어온 말이 아무래도 흉사스러운 말 같으니 없애버리는 것이 어떻겠는가." 하였다. 김서방은 아무런 표정도 없이 "여보게 이서방, 바둑이나 한 판 하세." 하더라는 것이다.

김서방의 아들이 17, 18세 되던 해, 나라에 전쟁이 일어나니 동네 젊은이들은 모두 군대로 뽑혀 갔지만 김서방의 아들은 다리를 절기 때문에 군대에 가지 않게 되었다. 동네 사람들은 김서방네 말은 아들을 지켜주는 수호신과 같다고들 하였다. 옆집 이서방이 와서 김서방에게 말하기를 "김서방, 새로 온 말은 아들의 수호신일세." 하면서 기쁜 표정을 지으니 김서방은 아무런 표정도 없이 "이서방, 바둑이나 한 판 하세." 하더라는 것이다.

후세에 사람들이 김서방의 인품됨을 새옹지마塞翁之馬 또는 새옹득실塞翁得失이라 하였다는 것이다.

　강씨 부부는 새옹지마 법문을 되새기면서 집으로 돌아왔다.

　얼마 안되어 부인이 태몽을 얻어 10개월의 만삭 끝에 몸을 푸니 아들이었다.

　만석꾼 부부는 물론 온 동네와 일가 친척들에게 경사 중의 경사였으니 재산을 풀어 노인들이 계신 집과 가난한 집에 나눠주며 인근 절에 공양미를 올리게 하였다. 그러나 불행히도 아들의 출생 3일만에, 남달리 사랑하는 아내를 잃게 되었으니 만석꾼의 심정은 헤아릴 수 없는 슬픔에 빠졌다.

　어떻게 얻은 자식인데, 함께 기르자고 나은 자식인데, 가문에 영화를 누리자고 나은 자식인데, 함께 행복하자고 기도하여 아들을 낳았는데, 핏덩이 자식을 남기고 홀로 가버린 아내.

　그는 어미 없는 아들을 어떻게 기를 것인가, 걱정이 태산 같았다.

　아들을 얻고 아내를 잃은 뒤부터 우환과 재앙이 겹쳤다.

　유모를 2, 3명을 두었으나 유모는 3일이 멀게 아프거나 떠나가고, 아이는 하루도 빼놓지 않고 울며 보채니 의원의 손에서 자라야 했다. 일꾼들은 싸우는 것이 일과며 소작인들은 곡식을 내놓지 않으니 소작인과 농토 관리인과 싸움이 잦아 관가에 불려가기 일쑤이니, 언제부터 누가 먼저 불렀는지 모르나 만석꾼의 아들은 '복 없는 아이'라고 불려지고 있었다.

　복 없는 아이가 네 살이 되니 만석지기 부자도 우환과 재앙으로 전 재산이 탕진되었고, 집안이 몰락하니 마을마저 인심이 흉흉한지라, 누구의 입에서 나왔는지 복 없는 아이가 태어난 후 만석지기도 망하고 우리 동네도 이렇게 인심이 야박하고 우애가 없으니, 이는 필시 복 없는 아이 때문이라 생각하고 결국에는 복 없는 아이의 부자父子를 동네에서 몰아내자고 입을 모았다.

'얼마 전까지만 하여도 만석지기로, 죽은 귀신도 내 옆에 얼씬을 못하였건만 오늘날은 파리떼들도 밥상을 어지럽히는구나. 내 무슨 업보로 아내 잃고 재산 잃고 네 살난 어린 자식 안고 고향 땅을 등지고 정처없이 떠돌게 되었는가……'

강거사는 혼잣말로 이렇게 탄식하며 길을 떠났다.

그 후 강거사는 복 없는 아이를 업고 이 마을에서 저 마을로, 이 골목에서 저 골목으로 헤매었다. 모진 것이 생명이라 비가 오나 눈이 오나 먹고 입고 잠을 자야 하는 운명. 길은 갈수록 멀고 험하며 세월이 흐를수록 외롭고 고독하였다.

더욱이 기가 막히는 것은 언제부터인가 강거사 부자에게 밥을 주거나 잠을 재워준 집에는 반드시 재앙이 일어난다는 소문이 떠돌고 있으니, 이제는 밥 한 술 얻어먹기도 힘이 들고 잠자리를 구하기도 어렵게 되었다.

길 가는 사람들에게 한 번의 길만 가르쳐 주어도 공이 되고, 목마른 사람에게 흐르는 물을 떠주어도 공이 되며, 배고픈 사람에게 한 끼의 밥만 주어도 공이 되고, 옷 없는 사람에게 한 벌의 옷만 주어도 공이 되며, 집없는 사람에게 방 한 칸 빌려 주어도 공이 된다고 하기에 만석지기로 얻은 재산을 원근 친척, 늙고 병든 이와 가난하고 외로운 자들을 위하여 베풀면서 길 닦고 다리 놓아 행인들의 불편을 덜어주고 인근 절에 공양미 올리면서 살았건만, 강씨 부자에게 닥친 시련은 날로 험난해지고 있었다.

제비가 집을 지어도 사람들이 도와주는 것이 자연의 순리이건만 인간으로서 어느 마을 어구에만 들어서더라도 동네 청년들이 몽둥이를 들고 마을에 들어오지 못하게 하니, 이는 강씨 부자가 동네만 스쳐가더라도 그 마을에 크고 작은 재난이 일어난다는 소문이 온 고을에 퍼졌기 때문이었다.
  이제 강씨 부자가 가는 곳은 길목마다 자기 마을로 들어서지 못하게 길을 막는 몽둥이패들이 늘어나고 있었다.
  배고픈 이에게 밥을 주고, 옷 없는 이에게 옷을 주고, 집 없는 이에게 잠을 재워준다고 그 집에 우환이 생기며 길 가는 행인이 그 마을을 지나갔다고 해서 그 마을에 재앙이 생긴단 말인가.
  한때는 만석지기였던 강씨 부자의 행색은, 죽지 못해 살아가듯 수척하기 이를 데 없고 옷은 다 해어졌고 눈물마저 말라버린, 산모퉁이의 양지쪽에 갈 곳 없는 모습은 생각만 해도 가슴이 미어지건만 어찌 눈으로 볼 것인가.
  강씨 부자는 굿당을 찾아다니며 귀신 먹으라고 버린 음식을 주워 먹으며 칡뿌리, 나뭇잎, 흐르는 물로 주린 배를 달래는 나날을 보냈다. 때로는 독충에 물려 사경을 헤매기도 했고 추운날씨에 몸이 꽁꽁 얼어 굳어지는 때도 있었는가 하면, 늙은이는 병들어 가슴으로 흐느끼고 어린 자식은 배가 고파 탈진되어 사경을 헤매일 때 늙은 아비의 심정은 어떠하였을까.
  길 가다가 돌팔매질을 당하고 입에 담지 못할 욕설 정도는 면역이 되었고 날짜 감각마저도 잊은 지가 오래되었으니 더우면 여름이요, 추우면 겨울이라.
  강씨 부자는 생각하기를 '우리가 참으로 복이 없는 재앙을 몰고 다니는가' 하고 땅을 일구어 종자를 뿌려도 보았으나 종자가 싹이 트지 않으니 이 무슨 업보인가. 얻어먹을 수밖에 없는 신세였다.

복 없는 아이가 6세 되던 해 겨울.

관가에서는 비밀리에 강씨 부자를 자기 고을에서 내쫓거나 아예 죽여 없애버리라고 명하였다. 그도 그럴 것이 강씨 부자가 가는 곳마다 흉년이 들고 재앙이 일어난다는 소문 때문이었다.

그 후 강거사는 아들의 손을 잡고 고향 마을에서 가까운 미륵사를 찾아가니, 그곳에는 몽둥이로 길을 막는 자가 없었다. 하늘이 감응한 것인가, 옛정이 있어서인가.

'만석을 누릴 때 도와준 인연일까. 주지 스님과 안면이 두터워서일까.'

엇갈린 생각 속에 지난날의 추억이 주마등처럼 스쳐 지나갔다. 만석지기의 재산을 다 털어서라도 자식 하나 얻어보자던 아내의 모습이, 핏덩이 자식을 남기고 홀로 떠나버린 아내의 향취가 미륵사의 구석구석에 서려 있는 것 같았다.

만석지기가 거지가 되어 행색이 남루하고 몰골이 험악한 모습으로 공양간에 들어가 주린 배를 채우고 주지 스님을 찾으니, 겉으로는 반가이 맞이하면서도 한편 마음에 그늘이 져 있었다. 그도 그럴 것이 사부대중들을 의식하기 때문이었다.

강거사는 주지 스님께 지난날의 사연들을 이야기하면서 어떠한 역경과 고난 속에서도 새옹지마와 관세음보살을 마음에서 지워본 적이 없었노라고 하면서 이 절에 머물게 해달라고 간청하였다.

옆에서 듣고 있던 복 없는 아이는 나이 여섯 살, 이 마을 저 마을, 산전수전, 눈치 코치 다 겪으면서 살아온 아이인지라 주지 스님의 마음을 읽어내리는 눈동자였다.

주지 스님은 복 없는 아이의 얼굴을 유심히 지켜보더니 말했다. "저 아이는 복만 없는 것이 아니라 재앙을 몰고 다니며 수명 또한 일곱 살이라. 앞으로 많이 살아야 5, 6개월 살게 될 것입니다. 거사님의 입장과 나의 도리로 보아서는 천만 번 받아주고 싶으나 대중을 이끌어 가고 있는 주지의 직책으로서는 저 애를 받아줄 수가 없습니다."

거사로서의 과거의 공로와 자신의 체면으로 보아서 혹시나 하면서도 의심을 하였지만 막상 주지 스님으로부터 '안돼요'라는 말을 듣는 순간 천지가 10번, 100번 뒤집히고 무너지는 현기증을 일으켰다.

'이 세상에 태어나면서부터 만석지기로 부러운 것 없이 살다가 바가지 신세가 웬말이며 이제는 바가지 신세도 되지 못하고 쫓겨다니는 숙명이란 말인가. 더욱이 한가닥의 실오라기였던 복 없는 아이의 수명이 일곱 살이라니, 이 무슨 팔자라는 말인가….'

무심결에 나온 말이
"자비의 문중에서도 살생을 하는구나." 라고 하면서 일어서려 할 때 주지 스님이 그들 부자를 붙들었다.

'자비문중에서도 살생을 하는구나'라는 말을 듣는 순간 주지 스님의 머리에 스치는 것이 있었던 것이다.

'그렇다. 부처님께서는 '살생하지 말라'는 계율을 제일로 삼으셨으며 어떠한 고통을 감수하더라도 생명을 보호하여야 한다고 하셨다. 내 과거의 은혜를 갚지는 못할지언정 어찌 생명을 배신할 것인가. 이 절의 주인은 나다. 부처님과 내가 눈을 감고 5, 6개월만 살자. 절이 보기 싫으면 중이 떠난다고 하지 않았는가.'

이렇게 생각한 주지 스님은 강씨 부자에게 부목의 임무를 주었다.

강씨 부자는 미륵사의 부목(땔감을 마련하고 부엌에 불을 때는 일)이라는 소임으로 머물게 되었으니 우선 안도의 숨을 쉬었으나, 아들의 수명이 일곱 살이라는 말이 내내 그를 괴롭게 했다.

'복 없는 자식! 이름도 바로 지어주지 못하고 일곱 살에 죽게 된다는 자식! 사랑하는 아내와 만석지기의 재산, 그 외 모든 것과 바꾼 자식인데 수명이 일곱 살이라면 세상 사람들은 과거세에 공덕이 얼마나 많아서 저렇게 행복한 가정을 이루고 살아갈 수 있을까.'

강거사는 안타까운 마음을 달래었다.

이쯤해서 미륵사에도 변화가 시작되었다. 공양주가 몸이 불편하다고 내려가고 스님들이 한분 두분 발길이 멀어지더니 2, 3개월이 지나니 큰 절의 대중은 세 식구가 되고 말았다. 마을에서 떠도는 소문은 누구나 미륵사에만 갔다 와도 집안에 우환이 생긴다고 하니 구경꾼마저도 발길이 멈추고 말았다.

공양미가 떨어져서 주지 스님이 탁발을 나갔으나 시주를 얻지 못하였다.

동네 아이들이 놀다가도 미륵사의 주지가 나타나면 "야~ 저기 미륵사의 주지가 온다." 하면서 모두 도망을 가버렸다. 이는 주지 스님을 보기만 해도 재수가 없다고 하니 시주 집에 들르면 그 집에 재앙이 나고, 시주를 한 집은 반드시 우환이 들기 때문이었다.

　주지 스님의 입장에서도 속세의 중생들에게 우환과 재난을 주고 싶지 않았다.

　사는 입에 거미줄 치랴 하지만 겨울을 지내는 세 식구의 생활은 암담하였다.

　춥고 배고픈 긴 겨울이 가고 아지랑이가 양지에 피어오르는 봄이 왔다. 괭이로 땅을 일구어 무 배추 종자는 심었으나 웬일인지 종자가 싹이 트지 않으니 이도 복 없는 아이의 업보 때문인가 보았다.

　칡뿌리 나무껍질 나물을 뜯어 목숨을 이어가는 어느 초여름이었다.

　신도 한 분이 공양미를 머리에 이고 미륵사를 찾아오고 있었다. 주지 스님의 마음에 한편은 반가우면서도 불안한 심정이었다. 한 끼의 공양을 받아 먹는 것보다 신심이 돈독한 부처님의 제자가 부처님전에 공양 올리고 복을 받지 못하고 재앙을 받는다면 그 소문과 인과가 어떻게 이어질 것인가. 그렇다고 오는 신도를 못 오게 할 수도 없는 일이었다.

　그런데 다음날도 그 다음날도 신도들이 와서 하는 말이 한결같이 꿈에 부처님께서 오라고 하시기에 왔다는 것이었다. 뒷마루 양지쪽에 혼자 놀고 있는 복 없는 아이의 모습을 보는 순간 뇌리에 스치는 것이 있었다. 이상하다. 복 없는 아이의 몸에서 광채가 나고 있지 않는가.

　주지 스님은 아이의 곁으로 가서 달래는 듯 속삭이는 사랑 어린 목소리로 "애야, 요사이 무슨 일을 하였느냐."라고 물었다.

아이는 무표정한 모습으로 스님을 바라보면서 "예, 아무일도 하지 않았습니다." 라고 대답하였다.

"그럼 요사이 무슨 생각을 하였느냐?"

아이는 아무런 대답이 없었다.

"그럼 요사이 보고 들은 것이 있으면 이야기를 해보아라."

"스님, 아무런 일도 없었습니다."

"애야, 너에게 좋은 변화가 일어나고 있으니 요사이 보고 느낀 것이 있으면 이야기해 보아라."

아이는 어색한 표정으로 말문을 열었다.

"며칠 전 변소에 갔더니 똥 위에 누룽지 한 조각이 떨어져 있기에 '참 이상하다. 여기는 사람들도 오지 않고 절에서는 밥도 해먹지 않았는데 어떻게 누룽지가 떨어져 있을까' 생각하면서 누룽지를 주워서 맑은 물에 씻어 가지고 스님과 아버님께 드리려고 하였으나 똥에서 주운 것이기에 혼자 먹었답니다." 하면서 얼굴이 붉어지며 부끄러운 표정을 지었다.

주지 스님은 복 없는 아이가 똥에서 누룽지를 주워 먹은 이야기를 들으면서 아이의 관상을 보니 수명이 7세에서 70세로 늘고 복이 만석이 되었으며 출가하면 도인이 될 기상으로 변해 있었다.

복 없는 아이가 똥에서 누룽지를 주워 먹은 인연으로 운명이 변한 것을 보면서 주지스님은 마음의 창이 열리며, 자성의 길이 보이니 이는 복 없는 아이를 인연하여 대장부의 일대사가 해결된 순간이다.

영웅호걸이야 매년 수십 명씩 탄생되지만 도인이 탄생되는 것은 극히 드물다.

불생불멸不生不滅 불구부정不垢不淨

'그렇다. 능력 있는 많은 대중을 보살피는 것보다 능력 없는 자를 보살핀 인연으로 내가 오늘 도를 이루게 된 것이다.

누구나 더럽다고 돌아보지도 않은 땅에 떨어진 누룽지 한 조각을 주워 먹은 인연으로 수명이 70세요, 복이 만석이며 출가하면 도인이 되는 기상으로 변하였구나.'

주지 스님은 복받치는 감회와 환희심에 흐르는 눈물을 감추며 법당으로 들어가 부처님전에 참배드리니 어제의 부처님이 오늘날의 부처님이 아니었다.

빛과 소리와 감정으로는 부처님을 친견할 수 없으니 어찌 도인이 되겠는가. 오직 대자대비의 마음이어야 한다. 욕심과 성냄과 어리석음도 버리라고 하였는데 명예와 금전과 사랑에 얽매이고 체면과 환경과 현실에 얽매여서 어찌 도를 이룰 것인가.

참회하는 하심下心으로 색불이공色不異空 공불이색空不異色 색즉시공色則是空 공즉시색空則是色을 몸소 체험하는 수행자는 반드시 도를 이루리라.

약이색견아若以色見我 이음성구아以音聲求我, 시인행사도是人行邪道 불능견여래不能見如來라는 구절이 《금강경》에 있다.

부처님전에서 물러나온 주지 스님은 강거사를 불러 놓고 조용한 어조로 복 없는 아이에 대한 이야기를 들려주었다.

고개를 숙이고 앉아 주지 스님의 말씀을 하나하나 빠뜨리지 않고 듣는 거사의 심정은 꿈인가 생시인가 믿어지지 않았다. 그러나 의심할 수 없는 말씀. 지나간 7년 세월, 앞으로 펼쳐질 운명. 목이 메어 두 눈에서 소리 없이 눈물만 흐른다.

거사는 주지 스님 앞에서 일어나 법당으로 들어가 부처님전에 엎드려 어깨를 들썩이며 흐느끼는 음성으로 먼저 7년 전에 세상을 떠난 아내를 부른다.

"여보, 당신의 제삿날마저 기억하지 못하고 살아오다가 당신의 아들이 당신의 아들이…."

강거사는 목이 메어 흐느낀다. 눈에서 코에서 하염없이 흐르는 눈물 콧물…. 자식에 대한 부모의 정이 이런 것인가. 하늘도 울고 땅도 울고 산천초목 산하대지가 목메어 흐느낄 때 미륵사의 부처님도 보살님과 신장님들도 함께 울어주는 순간 순간 울다 그치고, 푸념하다 흐느끼는 강거사. 밤낮 3일간을 부처님전에서 조상과 아내에게 자식을 자랑하고 새롭게 태어난 강거사의 심정을 어린 자식은 알까 모를까.

강거사는 부처님전에 합장하고 발원을 세운다.

"대자대비하신 부처님이시여, 제자는 인과를 믿고 윤회를 믿으며 깨달음을 믿습니다. 이 생명이 다할 때까지 미륵사의 부목으로서 부처님과 스님들과 신도님들을 시봉하는 불자가 되겠습니다.

부처님이시여, 내세에 다시 아내를 만나 행복한 가정을 이루어 이 세상에서 못다한 사랑을 베풀게 하여 주시고 다음 생에는 출가하여 도를 닦아 성불하게 하여 주시옵소서. 이 몸의 뼈와 살을 깎아내는 역경과 고난이 오더라도 무아無我의 불심佛心으로 보살도를 성취하겠습니다.

나무 석가모니불 나무 석가모니불 나무 시아본사 석가모니불"

기도를 마치고 법당을 나온 강거사는 일생 동안 미륵사의 부목이 되어 단 한 번의 게으름도 피우지 않고, 성도 내지 않고 절과 신도를 돕다가 나이 65세에 세상을 떠났다고 한다.

'발 없는 말이 천리 간다'는 속담처럼 복 없는 아이의 이야기는 방방곡곡 고을고을마다 전해지니 신도가 구름처럼 몰려들고 신심이 굳어지니 백제 때 동양 최대의 가람을 다시 재현시키는 수도도량이요, 기도도량으로 변해가고 있었다.

복 없는 아이 나이 열 살이 되어 머리를 깎고 수효修孝라는 불명을 받아 행자가 되어 총명한 지혜로 〈참회가〉를 지었다고 한다.

수효修孝 행자는 훗날 미륵사의 주지가 되어 만석지기의 농토를 확보하고 금강산에 들어가 도를 이루었다는 전설을 남기었다.

복 없는 아이는 달을 벗삼아 노니메라

일월삼주一月三舟 라는 말이 있다.

한 사공이 달 밝은 밤에 강변에 배를 띄우고 낚시를 던지고 있었다.

이때 상류에서 사공이 배를 저으며 내려오고 하류에서도 사공이 배를 저으며 올라오다가 세 사공이 한 자리에 앉게 되어 이야기를 나누는 가운데 상류에서 내려온 사공이 말하였다.

"오늘밤에는 달이 동쪽에서 서쪽으로 가지 않고 북쪽에서 남쪽으로 가는 것을 보았네."

이에 하류에서 올라온 사공이 말하였다.

"그 무슨 소리인가. 달은 남쪽에서 내 배를 따라 올라오고 있었는데.”

두 사공의 얘기를 듣고 낚시질하던 사공이 말하였다.

"달은 움직이지 않았네. 조금 전부터 나하고 같이 있었는데 무슨 소리인가.”

불경에 천강유수천강월千江有水千江月(천 개의 강에 물이 있으면 천 개의 강에 천 개의 달이 있다)이라 하였다. 중생이 천이면 신도 천이요, 중생이 만이면 부처도 만이라고 한다.

저마다 자기 업보를 따라 흥망성쇠興亡盛衰 하고 있으니 악惡을 소화시키는 능력을 따라 인격의 나무는 성장하게 된다.

구름이 끼어야 비가 오고
바람이 불어야 나무가 흔들리며
겨울이 지나야 봄이 오고
꽃이 피어야 향기가 나며
밤이 있어야 낮이 있고
하나가 길면 하나는 짧으며
가는 자가 있어야 오는 자가 있고
만남이 있어야 이별도 있으며
사랑이 있어야 미움도 있고
태어남이 있어야 죽음도 있는 것이다.

밥티의 소원

대중불교의 처음을, 법왕봉 월명암

이 순간을 머물지 못하면서 꿈 따라 희망 찾아 인생의 크고 작은 고비가 몇 번이었던가.

고속버스 차창 밖으로 다시 못올 젊음을 회상하며 전북 부안군 산내면 월명암으로 발길을 옮겼다. 노령산맥의 서쪽 끝, 변산반도의 법왕봉 중턱에 자리잡아 1300여 년의 세월을 지낸 암자로서 신라 신문왕 11년에 부설거사의 창건으로 현재 종흥宗興 스님께서 주지로 계신다.

부설浮雪거사는 중국의 방龐거사, 인도의 유마維摩거사와 더불어 세계 3대 거사로 유명하다.

부설거사는 경주에서 태어나 불국사 원부圓浮 스님께 득도하여 영희靈熙, 영조靈照 두 도반과 각처를 유행하며 수행하다가 변산에 와서 10여 년을 수도하고 오대산을 찾아가던 중 만

경현萬頃縣 백련지白連池 구仇씨의 집에서 하룻밤 쉬가다 묘화妙花 아가씨와 사랑을 맺어 등운登雲, 월명月明 두 남매를 낳고 다시 월명암 터에 와서 각기 토굴을 지어 한 가족 모두 도를 성취하였다.

이곳은 이후로도 많은 수행자들이 거쳐간 곳이었다.

그러나 6.25동란시 모두 불에 타고 종흥 스님의 원력으로 월명암, 묘적암, 요사채 등을 세우고 등운도량에 선방을 신축 중이었다.

주지 스님은 출타 중이었고 몇몇 대중이 정진 중에 있었다.

삼성각에 걸망을 내려놓고 낙조대落照台에 올라 황혼의 석양을 바라보며 제행무상諸行無常, 색성환상色聲幻相이라. 부처님께서 생로병사를 사유思惟하시고 부처님의 제자들이 고집멸도苦集滅道를 명상瞑想으로 본래 면목의 선정禪定에서 〈법성게法性偈〉 성품의 고향을 그려본다.

법의 성품이란
법의 성품이란 둥글고 둥글어서 두 모습이 아니로다.
모든 법은 본래 고요하여 변함이 없어
일체가 끊어졌으니 이름도 없고 형상도 없네.
분별의 지혜로 알 수 없고 깨달은 지혜만 있으니
참된 성품 깊고 넓어 지극히 미묘하고 심묘한
청정한 자성에서 인연 따라 삼라만상이라.
하나가 모두 되고, 모두가 하나이니
하나가 즉 모두이고 모두가 즉 하나이네.
한 티끌 안에 시방세계 담겨있고

하나하나 티끌마다 시방세계 들어있네.
무량한 오랜 세월도 한 생각에 있고
한 생각 순간에도 무량 세월 흐르고 있네.
삼세 삼세 구세 십세 엉켜 있어도
엉키지 않고 섞이지 않으며 서로가 뚜렷하니
발심한 자는 마침내 부처를 이루고 말리라.
생사와 열반이 서로 공존하며 둘이 아니니
진리와 현신은 어둠과 같이 분별이 없어
모든 부처님과 보현보살의 경계일세.
모든 사람들은 해인의 삼매 가운데서
여러 가지로 나타냄은 불가사의라.
중생을 위한 감로법은 허공에 가득하여
중생은 업보의 그릇 따라 이익 얻고 있으니
이러한 도리를 알고 행하고자 한다면
번뇌 망상을 쉬지 않고는 얻지 못하리라.
인연을 초월하는 방편으로 여의주를 얻고
여의주로 고향에 갈 노자를 분수 따라 얻노라.
신묘한 이 〈법성게〉는 보배 중의 보배로서
법계를 장엄하는 보전 중의 참 보전이라
마침내 실상의 도 자리에 앉게 되면
옛부터 변함없는 부처라고 이름하리라.
월명암 낙조대에서 석양을 보지 않고 황혼을 노래하지 말라.
눈·귀·코·혀·몸이 거짓인데 무엇을 진실이라 할 것인가.
자기 자신의 일도 모르면서 누구의 미래를 점치랴.
내가 나에게 다짐한 약속도 지키지 못하면서

누구와의 언약을 기다리는가.
변하는 것이 진실임을 아는 자는 태평가를 들으리라.

밤은 깊어가는데
　월명암의 초여름 적막을 잠재우는 풀벌레와 철새들의 향기는 보름이지만 반달을 중천에 쉬게 하고 삼성각三聖閣의 문이 열리고 또 닫힌다.
　향로에 향을 피워놓고 합장하며 물러서서 좌복을 높이 깔고 명상瞑想에 젖어들 때 밖에서 발자국 소리가 들려온다.
　두 사람인 듯하고, 속삭임이 들리며 점점 가까이 오는 소리다. 문이 스르르 열리며 그윽한 향기와 아울러 방안이 환하게 밝아오고 깨끗하게 늙으신 노스님께서 들어오시며, 뒤이어 20세 전후로 보이는 행자 스님이 바랑을 벗으며 들어온다.
　저녁때가 된 모양이다.
　바루에 공양이 담아졌고 평화롭게 공양을 마친 뒤 바루를 씻으려 할 때 노스님께서 행자에게 말을 건넸다.
　"애야, 네 옆에 한 중생이 슬프게 통곡하고 있구나."
　"예? 노스님 옆에는 저 혼자 있지 않습니까?"
　"애야, 지금 이 순간에도 삼계三界 사생四生 육도六道 중생이 함께 있으며 네 옆에서도 한 톨의 밥티 중생이 통곡하는데 그 소리를 아직도 못 듣느냐? 너는 언제나 마음의 소리를 들을 수 있겠느냐? 귀를 통하여 듣는 소리나 눈을 통하여 보는 것은 모두가 환상이며 무상이요, 거짓된 것이다. 마음과 마음으로 소리 없이 듣고 빛 없이 보는 것이 진실된 것이란다."
　"스님! 밥티의 울음소리를 듣고 싶습니다."

"그래, 들려주마!"

노스님이 합장하고 몇 마디 주문을 외우시니 밥티가 점점 커져 18세쯤 되는 소년으로 변신했다.

손을 무릎 위에 얹고 고개를 숙인 미소년의 두 눈에서 구슬 같은 눈물이 양쪽 볼을 타고 흘러내리며 흐느끼는 목소리로 이야기를 하고 있었다.

"스님, 저는 인간이 되어 보려고 수천 수만 년 전부터 뼈를 깎고 살을 베어내는 기도를 하였습니다. 그러나 사람이 되기에는 천문학적인 어려움이 따랐습니다. 어느 때는 무인도의 흙 돌 풀벌레가 되기도 하고 바다의 흙이나 물고기 아니면 지축의 변화를 따라 지구의 중심부에 광물질 또는 돌이 되어버리면 헤아릴 수 없는 세월이 지나야 지표로 나올 수가 있었으며, 사람들이 사는 도처의 광물질 돌 흙 풀벌레가 되어 사람을 볼 수만 있어도 환희의 기쁨 속에서 정진을 게을리하지 않았답니다. 어쩌다 유실수가 되고 논과 밭의 작물이 된다 하더라도 뿌리나 줄기 이파리가 되며 열매의 껍질이 되고 말며 그래도 복이 조금 있으면 풀벌레나 동물의 먹이가 되기도 하지만 사람 근처에 살기도 어려웠답니다. 소인도 수십 수백만 유실수나 논과 밭의 작물이 되기도 하였으나 사람은 되지 못하고 물고기, 혹은 기고 뛰는 짐승이 되었답니다. 풀벌레나 짐승이 될 때면 사람에게 뜯어먹히고 잡혀먹히고 싶은 심정, 흘러가는 물이 되고 지나가는 공기가 되어 사람에게 마셔 달라고 애원하며 기도하는 그 심정…."

울음소리와 흐르는 눈물로 말문이 막혔다.

"만물지영장萬物之靈長, 자재로운 삶을 누리는 인간, 생각만 해도 가슴이 미어지는 환희. 이 세상의 유정有情 무정無情 무색無色 중생들의 소원은 오직 인간이 되어 보고 싶은 심정이랍니다. 저는 3년 전 논의 흙이었으나 칠성님의 은총으로 벼의 뿌리를 지나 줄기를 거쳐 씨방에 들어갈 수 있었답니다. 그때의 기쁨과 환희는 사람이 다된 기쁨이요, 즐거움이었답니다.

밤이면 천신과 별들에게 기도하고 낮이면 내게 주어진 일을 하면서도 날로 불안하고 초조하였답니다. 이는 내 옆에 있는 벼들이 병충해로 말라버리는가 하면 낮에는 새들이 밤에는 쥐들이 벼의 낟알을 까먹어버릴 때면 얼마나 놀랐는지 모릅니다. 한 번은 하늘이 무너지는 공포를 느낄 때가 있었으니 새들이 우리들을 마구 까먹어 버릴 때였습니다. 우리 법우들은 무척 놀랐고 많은 법우들은 새가 되어 가버렸답니다. 벼를 벨 때도, 탈곡을 할 때에도, 자루에 담겨서 어디론가 실려가 창고에 들어가 있을 때도 항상 공포에 사로잡혀 있었습니다. 바로 쥐 때문이었습니다. 백만장자의 거만한 모습으로 법우들을 까먹으니 쥐에게 까먹히는 법우들의 울음소리로 창고 안은 가득 찼습니다.

우리들은 매 시간마다 기도를 하면서 잠시라도 겨를이 생기면 많은 이야기를 나누었답니다. 어떤 친구는 물에서 왔고 공기에서 왔으며, 풀에서 온 이, 동물에서 온 이도 있었답니다. 우리는 서로 자기들이 공부하는 방법을 이야기로 주고받기로 하였습니다.

공부의 방법론은 대개 이러했답니다. 사람이 되어 좋은 일 해보겠다는 것을 첫째의 원으로 삼고, 천신들에게 기도하면서 자기 자신을 지키는 일을 둘째의 원으로 삼았으며, 이웃을 해치지 않으며 상부상조하는 것도 공부했습니다.

부처님을 아느냐고 물었더니, 부처님을 알고는 있지만 인간의 몸을 받지 않고는 부처님의 깊은 뜻을 이해할 수 없으니 실천하는 것은 생각할 수도 없으므로 인간의 몸을 받고자 하며, 인간의 몸을 받는다 하더라도 동양의 황인종이 되기를 원하며, 황인종이 되더라도 남자 몸 받기를 원하며, 남자의 몸을 받더라도 불법문중에서 공부하기를 원한다고 했습니다.

그로부터 저는 2년 동안 창고에 있다가 정미소를 갔는데 제 친구들은 울음바다를 이뤘습니다. 그 숱한 세월을 기다리고 바라던 꿈이었건만 기계는 무심했습니다. 약한 법우들은 기계에 들어가서 깨져버리고 껍질들은 모두 벗겨져서 밖으로 나가며 기계에 묻히고 땅에 떨어지니 이곳에서도 많은 법우들을 잃었습니다.

저는 오늘 아침 솥으로 들어갈 때 이렇게 기도했답니다. '이 몸이 사람으로 태어날 수만 있다면 백도가 아니라 천도, 만도의 뜨거움도 달게 감당하겠습니다. 부디 사람이 되게 하여 주십시오' 하고 천지신명께 빌고 또 빌었답니다.

일부의 법우들은 누룽지가 되고 주걱과 솥 사이에서 으스러지고 땅에 떨어지는가 하면 구정물 속으로 들어가 버렸습니다. 그러나 저는 수도하시는 스님의 바루에 담겨졌기에 기쁨이 몇 백 배 더했으나, 그만 불행히도 밥순가락에서 땅으로 떨어졌으니 그 슬프고 원통함을 어찌 말씀드리오리까.

부처님께서는 게으른 자가 곧 어리석은 자라고 말씀하셨는데 다된 밥에 코 빠트리는 격으로 이제는 수행자가 되었노라는 안도의 환희심에 즐거운 마음으로 만세를 부르는 순간 이렇게 땅에 떨어진 것입니다.

이제 제 신세는 무엇이 되겠습니까.

방바닥에서 말라서 흙먼지가 되겠습니까, 아니면 구정물 통에 들어가 개 돼지의 밥이 되거나 하수도 구멍에 들어가서 지렁이 밥이 되고 썩고 썩어 언제 인간의 몸을 받을 기회가 오겠습니까.

죽을 수만 있다면 천만 번 죽고 싶지만 마음대로 죽을 수 없는 것이 법이며 진리요 인과입니다. 죽으면 끝나는 줄 알지만 형태만 변하고 또 변하여 4고 8난을 겪다가 어찌하여 인간의 몸을 받아 좋은 일을 하면 천상에 태어나 행복하게 살 수 있으며, 혹 수행자를 만나 도를 닦으면 억만 겁 동안 변함없는 영원한 행복의 극락세계에 갈 수 있다고 합니다."

이 말이 끝나자 소년은 행색이 남루하여진 채 눈물로 흐느끼며 '내 언제 다시 인간이 되어 볼꺼나' 하면서 쭈그러들어 밥티로 변하였다.

이제까지 밥티의 말을 듣고 있던 행자 스님은 그 밥티를 빨리 주워 먹으면서 '밥이 똥만 되는 게 아니라 살이 되고 사람도 되는구나' 하면서 눈물로 천만 년을 애원하고 기도하여 사람이 되겠다는 그 발원을 생각하게 되었다.

"얘야, 밥만 사람이 되는 게 아니라 저 흐르는 물과 공기는 물론, 밥상의 모든 반찬도 사람이 되기를 염원하며 또한 사람이 되는 것이란다.

그런데 사람들은 그것을 모르고 음식을 아무렇게나 먹고 버린다. 음식을 버리는 것은 죄 중에도 큰 죄에 속하며 내세에는 식

복이 없는 중생으로 태어나니 배고픈 귀신이 되기가 일쑤란다.

따라서 음식이란 항상 깨끗하게 먹고, 먹다 남은 음식은 짐승이나 날으는 새 등에게 줄 것이며, 짐승이 못 먹을 음식물은 꽃나무 밑이나 곡식에게 주어야 하느니라.

애야, 우리가 음식을 섭취하게 되면 그 음식은 인체의 여러 곳으로 나뉘어지거나 세포가 되어 72시간이면 죽어서 몸 밖으로 나가는가 하면 빠르게는 2~3시간 이내에, 길면 1~2년 동안에 몸을 빠져 나가며, 인체의 신경세포는 3년의 세월에 걸쳐 교체가 되면서 인식을 전하게 된단다.

저 흐르는 물이 일 년 내내 흘러가면서도 그치지 않는 것과 마찬가지로 우리의 신체도 저 흐르는 강물과 같느니라. 강은 옛 강이로되 물은 옛 물이 아니요, 몸은 옛 몸이로되 세포는 옛 세포가 아니로다.

물이 소를 만나면 소가 되고, 뱀을 만나면 뱀이 되며 개 돼지는 물론 소나무 감나무 가시나무 모란꽃 봉선화 약초 독초 등을 만나면 모두 그것들에 감응하나 근본인 물의 성품은 흩어지지 않는다.

인간은 만물을 보면 모두 식별하되, 수양이 되지 않은 사람은 욕심과 성냄과 어리석음의 인연을 지어 지옥 아귀 축생의 과보를 받고, 수양을 한 사람은 욕심과 성냄과 어리석음을 버리고 천상과 극락의 즐거움을 받는단다. 그러나 인간 자신의 성품은 천상 지옥에 드나들더라도 흩어지지 아니하며 인간이 살아있는 동안 지었던 행위의 과보를 자신뿐만 아니라 세포들까지도 받는단다.

밥티가 그렇게 염원하여 인간이 되었건만 인간이 성질내고 어리석으며 욕심내는 죄를 지으면 그 세포도 죄를 지은 업보를 받게 되느니라.

　음식은 먹는 것보다 소화시키는 일이 더 큰일이다.

　따라서 한 생각이라도 나쁜 마음을 내면 수십억의 세포들이 독심을 품거나 의심을 내고 혹은 사심을 품고 육체를 떠나 나쁜 귀신, 독이 있는 풀, 사나운 짐승이 되고 지옥에 들어가 수많은 세월 동안 고통을 받게 된다. 그러니 사람이 한 생각을 잘못하면 죄 없는 그 많은 세포들의 운명을 어찌할 것인가.

　근래에 2만 여 종교가 제아무리 공덕이 많다고 한들 부모께 효도하는 공덕보다는 못하며 이 세상의 성인을 아무리 공경한들 내 자신의 양심을 지키는 것만 못하느니라. 먼저 자신의 마음을 닦으면서 부모에 효도하는 자는 천지신명은 물론 우주 삼라만상이 그를 향해 공경하리라.

　근자의 젊은이들은 경제와 정치에 눈이 어두워 인격도 모르고 부모도 모르니, 민족과 선배를 어찌 알 것인가.

　남의 종교, 남의 말은 모두 소 귀에 경 읽기가 되고 명예와 금전은 죽은 부모 살아난 것보다 더 좋아하는구나.

　사람의 일생은 잠깐인데 허송 세월하고 늙어서 후회한들 무슨 소용이 있으랴.

　한 톨의 밥티가 두 다리 뻗고 통곡하는 소리를 들었느냐?

　인간으로 태어나기가 그토록 어려우니라. 인간으로 태어나더라도 사람의 노릇하기 또한 그렇게 어려우니 조심하고 조심하라.

　촌음을 아끼며, 한 순간이라도 욕심과 성냄과 어리석은 마음을 버리고 적게 먹고 적게 자며, 아무리 고달프더라도 남에게 이익되는 일을 행할 것이요, 아무리 좋은 일이라도 남에게 해로운 일은 하지 말며 수도와 효행으로써 바르게 살아가라."

만나는 사람들
노스님께서 일어서시니 행자와 나도 일어나 따라가면서 노스님께 여쭈었다.
"스님, 어찌하여 모든 생명은 인간이 되려고 합니까?"
스님은 대답하셨다.
"인간의 육체는 가장 약하지만 인간의 정신력은 가장 강하며, 지혜를 갖고 있어 어떤 생명이라도 인간의 몸을 통과하면 어느 세계에 가서 태어나더라도 왕으로 태어나게 된단다.

어떠한 무정 무색 유정 물질이 인체를 통과할 때에는 그 사람의 자비 보시 정진 선 악 욕심 성냄 어리석음의 습기를 받아 그러한 세상에 가서 왕이 되어 자신이 최고라 하며 인간의 습기가 다하면 왕위도 물러나게 되고 또한 인과의 업보를 따라 헤매면서 지혜가 있는 자들은 인간으로 태어나고자 또 기도를 한단다. 사람들은 인과응보를 시간으로 사유하면서 자신의 업보를 따라 자신이 윤회하는 것으로 알지만 공간에서 보면 나는 나 하나로써 내가 아니요, 크게는 머리 가슴 배 등으로 분류되고 더 나아가서는 손 발 눈 귀 코 입 등으로 세분되면서 오장육부가 되고 또한 60조의 세포들이 모여서 살고있는 한 국가와 같으며, 하나하나의 세포들은 한 국민과 같은 것이란다. 그 나라의 국민성은 나의 주체를 이루고, 그 지방의 국민성은 인체의 부분을 이루며, 국가의 부서는 인체의 부서와 같은 것이란다. 그러기에 음식물을 섭취한다 해도 그 음식물이 어느 시기에 내 몸으로 들어왔으며 어느 부서에서 살다 가느냐에 따라 크게 다른 운명을 갖게 되는 것이다. 우리 인간 자체도 하늘[天]의 아버지 기운과 땅[地]의 어머니 기운을 받아서 아버지의 흰 피와 어머니의 붉은 피가 혼합되어 성장한 한 개의 세포란다.

우주의 근본은 빛도 소리도 없으며 향기와 종자도 없지만 인과를 따라서 형태를 달리하고 색깔과 성질을 달리하므로 그것을 크게 나누면 유정 무정 무색 중생이요, 유정은 풀 나무 날짐승 들짐승으로 구분되며 세분하면 각각 종류가 수천 수만에 이른다.

사람마다 모두 이름이 다르듯 동·식물도 이름과 형태는 다르나 성품은 인간과 같아 앞으로 어떤 생명을 보더라도 인간과 인간이 만나는 마음으로 만나야 하느니라. 소나 개 뱀을 만났을 때 하등동물이라 생각하면 인격 평등에 모순이 일어나므로 그것들은 우리를 싫어하고 해치려 할 것이다. 따라서 이 세상의 모든 존재는 연령과 직책 직위 선악의 대소 차이는 있으나 성품의 차이는 없는 것이다.

남녀 상하의 차별 있는 자유로써 성품은 평등하게 사유하며 상대는 남·녀·노·소를 가리되 동물 식물도 또한 형태를 달리하여 환경을 따라 공존하는 것이란다. 즉 성품에 인과를 달리함으로써 성품이 달리 나타났을 뿐이야."

그때 길다란 구렁이가 노스님께 인사를 하면서 우리를 바라본 뒤 노스님께 쉬어 가시라고 한다.

노스님께서 인사를 시킨다.

"이분은 구렁이 아가씨요. 이분은 돼지 총각. 이분은 사람아가씨."

나는 구렁이 아가씨가 예쁘고 친근감이 있음을 느끼면서,

"아가씨는 어찌하여 구렁이의 몸을 받았습니까?"

하고 물었다. 구렁이 아가씨가 대답하기를,

"나는 얼마 전 남미의 고무나무였는데 고무진이 되어 중국으로 가서 자동차 바퀴가 되었다가 바퀴가 닳아 흙이 되었는데 황사현상이 일어나 한국으로 날려와 한국의 배추밭 배추잎에 떨어졌습니다. 나는 행여 사람이 될까 하여 열심히 기도를 했는데 그 배추잎을 돼지가 먹게 되어 돼지로 되었다가 다시 사람이 되었는데 이 사람이 구렁이처럼 게으르고 욕심이 많고 구렁이 같은 짓을 하였기에 이렇게 구렁이가 되었습니다.

내가 재수가 없는 게지요. 이왕 사람을 만날 바에야 좋은 사람을 만나거나 비록 나쁜 사람일지라도 좋은 생각을 할 때 만났으면 좋았을 것을….

하지만 그래도 이만하니 좋아요. 살인이나 도둑질 간음 또는 거짓말을 하고 술을 먹었다면 어떻게 됐을지 생각만 해도 아찔해요. 지옥이나 아귀 세계에 태어날 뻔했지요.

내 앞의 법우들은 지렁이 뱀장어 지네 등 모두가 길고 더러운 짐승이 되어 갔대요. 남의 것을 쓰면 즉시 갚아야 하는데 돈이 있으면서도 자기는 쓰면서 갚지 않는 자는 죽어서 수백 수천만 번을 긴 동물의 몸을 받고 또는 지옥으로 가지만 나는 일시적으로·인간을 통과했기에 몇 번의 긴 몸을 받으면 다른 몸으로 태어난답니다."

그때 옆에 있던 돼지 총각이 말했다.

"나는 사람이 되기 위해 보리가 되었다가 어느 날 쥐에게

먹혀 쥐의 몸을 받았다가 공교롭게 고양이의 먹이가 되었고, 또 호랑이의 먹이가 되었다가 호랑이 몸을 빠져나와 진달래 꽃잎이 되었을 때 사람이 지나가다가 꽃잎을 따먹는 바람에 갑자기 사람이 되었으나 하필 그 사람이 도둑인 바람에(그는 남의 돈을 훔쳐 가는 길이었다.) 몇 시간 후에 빠져나와 돼지의 왕이 됐지요. 나는 앞으로 몇백, 몇천 생을 돼지왕 노릇을 할 수 있게 되었으나 왕노릇보다는 천상 혹은 인격자의 몸에 들어갔다가 다시 사람이 되어 수도를 하고 싶어서 노스님을 따라다니는 것입니다."

그 옆길에서 개미 청년들이 죽은 새의 살을 뜯어서 집으로 가져가는 일을 하고 있기에 그 중 대장인 듯한 개미 청년에게 말을 건넸다.

"본래 청정한 불성자리에서 인과를 따라 삼라만상의 법계가 열렸고 인과를 따라 진행되고 있습니다. 술을 먹는 자는 취하고 독약을 먹는 자는 죽을 것이며 배고픈 자는 밥을 먹게 되고 잠 오는 자는 잠을 자게 됩니다. 땅에서 나는 음식을 먹는 자는 땅과 인연이 깊어질 것이요, 물에서 나는 음식을 먹는 자는 물과 인연이 깊어질 것이며, 산에서 나는 음식을 먹는 자는 산과 인연이 깊어질 것이요, 성질 잘 내는 동물을 먹으면 사람도 성질이 급해지고 미련한 동물을 먹으면 그도 미련해질 것이며, 게으른 동물을 먹으면 그도 게을러질 것입니다. 또한 부지런한 친구를 만나면 그도 부지런할 것이요, 게으른 친구를 만나면 그도 게을러지듯, 남녀가 만나면 사랑이 더하듯 이러한 인과를 알아서 해야 할 일과 해서는 아니 되는 일을 가려 해야 할 일은 천금이 들어도 해야 하며, 하지 말아야 할

일은 천금이 생겨도 해서는 안됩니다.

　지금 우리들은 하늘을 날으는 비둘기가 수명이 다해 죽었기에 이 비둘기를 우리의 양식으로 만들고 있답니다. 우리가 이 비둘기를 먹으면 비둘기는 개미가 되고 개미는 비둘기가 되는 것입니다. 그렇기에 우리 개미들은 인간의 몸을 거치지 않고 저 푸른 하늘을 자유롭게 날 수 있는 날이 머지않아 올 것이며, 인간 몸을 거치지 않고 저 하늘을 날 수 있는 인연을 지어준 이 비둘기가 먼 훗날 개미가 되지 않게 하기 위해 우리들은 비둘기가 육신을 보시한 공덕을 천지신명께 알리며 모두 기도드려 줄 것입니다."

　그때 절에서 새벽예불 올리는 종소리와 목탁소리가 들려왔기에 우리는 절로 걸음을 재촉하면서 노스님의 이야기에 귀를 기울였다.

　"절에서 사는 모든 생명은 염불소리를 듣기 때문에 잘 자라며 죽어서는 좋은 곳에 태어난단다. 모든 생명이 죽어가는 모습을 보거나 꼭 죽여야 할 때는 '발보리심發菩提心'이라는 주문을 세 번 들려주어라. 그러면 살생한 죄보다는 보리심을 일으키게 해준 공덕이 더 크게 되므로 죄가 되지 않는단다."

　이야기를 들으며 법당에 들어서니

　"이럴 수가…."

　법당은 허공계가 되어 있었으며 헤아릴 수 없는 대중이 운집하여 있었다. 텔레비전의 화면 안에서 비행기가 날고 서울 시가지가 들어있으며 크고 작은 모든 것이 나타나듯 작은 법당은 법계로 화하여 4차원의 정신세계가 펼쳐지고 있건만 정작 예불을 모시고 있는 스님들과 신도들은 마음의 눈과 마음의 귀가 열리지 않았으니 법계를 보도 듣도 못하면서 거짓 눈으로 보고 망상의 입으로 외우고 있을 뿐이었다.

　허공계에서도 형태도 없는 찬란한 빛의 청아한 음성이 흐르며, 육신은 환희의 진동을 받으며 들리는 듯 생각이 떠오른다.

　생명은 우주에 충만하여 있으나 중생이 믿는 자와 안 믿는 자, 너와 나, 선과 악, 생과 사에 집착함으로써 보이는 것과 보이지 않는 것, 들리는 것과 들리지 않는 것의 차별 경계가 생겨 욕심 성냄 어리석음으로 삶이 고통의 바다가 되고 있다.

　서울 시내의 인구가 날로 늘고 있으나 우주의 에너지는 조금도 줄거나 늘지 않으며, 서울에 들어가는 인구가 하루 만 명이면 서울을 빠져나가는 사람도 만 명이 되는 것.

　생명에 대해 진화론과 창조설과 교접설이 있지만 그 모두 환상의 이야기이다.

　우주의 충만된 생명이 최초로 활동을 할 때 빛으로부터 비롯되었으니 빛은 몇 억만 광년을 날아가서 그 세계의 입지조건에 따라 살다가 또 다른 세계로 날아다니면서 우주여행을 즐기는 것이다.

　이 지구에 외계의 생명체가 빛을 타고 들어오는 수는 헤아릴 수 없이 많아 컴퓨터가 무량대수로 작동해도 알 수 없으며, 지구를 떠나는 생명의 수 또한 그러하다. 사람들은 생명의 단위를 세포로 생각하지만 생명의 기본 단위는 광자부터이다.

　《화엄경》에는 '한 티끌 안에 시방법계가 들어 있다'고 했으며 4차원의 안목을 사유하고 사색하는 방편의 길을 '8만4천 법문'이라 하고 방편의 길을 행하는 것이 '사유'요, '명상'이요, '하화중생' 즉 '방편'이니,

색성비여래色聲非如來라 함은 차별이요,
색성즉여래色聲則如來라 함은 평등이요,
4차원 생명의 옷은 광자光子요,
3차원 생명의 옷은 세포이다.
　크고 작은 것은 자기 기준에 있고 행·불행도 자기 기준에 있으며 추하고 깨끗함도 자기 기준이니, 빨간색은 빨간색끼리, 파란색은 파란색끼리, 축생은 축생끼리, 아귀는 아귀끼리, 각자 동업인연으로 공존하며 모든 존재는 서로 대화를 하고 있다. 돌은 돌끼리, 물은 물끼리, 바람은 바람끼리 대화를 하고 있다. 들리기도 하고 생각나기도 하며 말이 되기도 한다.

　법당이 일시에 좁아지더니 법당도 스님도 행자도 없어지고 새벽 목탁소리에 잠이 깼다.
　꿈이었다.
　꿈은 꿈으로 끝나는 것이로구나.
　인생도 꿈이라고 하면 꿈이겠지.
　몸매를 갖추고 법당을 향해 한발짝 두발짝 발걸음을 옮기며 생각하고 생각되며, 들리는 듯 잊어지는 가운데,
　생명의 환희에 빛은 어두울지라도
　마음은 밝아 밝힐 수 없는
　그 사람의 모습을 그려본다.
　그 사람의 체온을 갈망하면서….
　사람이 된 그 밥티는 지금 어디서 무엇을 하고 있을까.
　인간, 어떻게 된 인간인데 허송세월 속에….
　무상의 환상을 따라다니는 꼭두각시의 일생,

인과의 굴레를 벗어나 보려는 생각이 없어 어떤 특종의 신神에게 기생하는 인생人生.

그 밥티는 지금 어느 하늘 아래서 자성自省을 밝히고 있을까.

도반의 소중함

승가란 참다운 벗들의 모임이다.
그 안에서는 부처님도 선우의 한 사람이다.
사람들이 나를 참다운 친구로 사귐으로써….

《아함경》에 실린 부처님 말씀의 일부분이다.
 당신께서 유행하시던 중 삿가란 마을에 머물고 있을 때 아난다가 부처님께 여쭈었다.
 "부처님이시여, 곰곰이 생각해보니 우리들이 참다운 친구를 사귀고 착한 벗들과 함께 있다는 것은 우리가 닦는 도의 반은 이룩된 거라고 보는데 저의 생각이 어떠합니까?"
 자랑삼아 도반이 이처럼 소중함을 말씀드리나 당신의 답은 아난다가 생각지도 못한 것이었다.
 "아난다여, 그것이 아니다. 우리가 참다운 벗을 사귀고 선한 벗들과 함께 있다는 것은 도의 절반을 이룬 것이 아니라 그 전부를 이룸과 같느니라."

아난다는 너무나 뜻밖이었고 그로서는 이해하기 힘든 말씀이었다.

부처님께서는 그를 위해 계속 말씀하셨다.

"아난다여, 그것은 이렇게 생각하면 알 수 있으리라. 사람들은 나를 참다운 벗으로 사귐으로써 늙지 않으면 안되는 몸이면서 늙음에서 자유로워지지 않느냐? 또 병들어야 하는 몸이면서 병에서 자유로워지지 않느냐? 또한 죽을 수밖에 없는 몸이면서 죽음에서 자유로워지지 않느냐?

아난다여! 이를 생각하면 참다운 벗을 사귄다는 것이 도의 전부를 이룸과 같다는 말의 뜻을 알게 될 것이다."

이와 같은 가르침은 참으로 불교의 교단, 즉 승가의 본질에 관한 중요한 지침이다.

불교는 시작도 삼보요, 완성도 삼보다. 이 셋은 삼륜차의 세 바퀴와 같아서 어느 것 하나가 없어도 불교는 성립되지 않는다. 그런데도 지금의 현실은 승가의 의미가 소홀히 이야기 되는 수가 많다.

부처님의 가르침에도 불구하고 승가 본래의 뜻을 망각하고 있다. 승가의 궁극적 뜻은 결국 참다운 벗들의 모임이며 부처님도 결국 먼저 도를 이룬 선우의 한 사람으로 우리 곁에 서 있다.

불교인 모두는 부처님의 뜻으로 돌아가야 한다.

갈등과 번민, 삶의 고통 속에서 허덕이는 것은 오직 부처님을 나의 전부로, 나의 생명으로 받아들이지 못하는 어리석음이라 하겠다.

 부처님은 우리의 가장 진실한 벗으로 우리들과 더불어 함께 하고 있음을 깊이 느낄 때 행복은 이미 괴로움의 바다를 넘는다.

허공에 뜬 달이 일천강을 비추듯이

얼마 전, 《법화경》을 독송한다는 불자 한 사람이 우리 법당에 왔었다. 무슨 얘기끝에 그가 한다는 얘기가 요즘같은 말법시대에는 《법화경》만이 오직 실상實相이며 나머지 다른 경들은 방편에 불과하니 《법화경》을 읽어야 성불할 수 있다는 것이었다.

'《법화경》을 읽는 길이 정도요, 다른 것은 외도라' 가만히 들으니 한마디 해야겠는지라 말을 받아 묻기를, "법우의 몸뚱이 중에 어느 부분이 제일 중요합니까? 머리요? 아니면 팔? 그것도 아니면 두 다리요?" 그가 잠시 머뭇거리더니 "머리가 아무래도 중요할 것 같은데요." 한다. 그 말 떨어지기가 무섭게 양손으로 머리를 붙잡고 사정없이 비틀어 버렸다. "이거 왜 사람을 칩니까? 머리통 빠지겠습니다."며 화를 내었다.

"머리가 제일 중요한데 몸통이 쓸모 있겠소? 뚝 떼내서 머리만 갖고 다니면 되지 뭐하러 귀찮게 다 갖고 다닙니까?" 했더니 그제야 미안해하며 돌아갔다.

'부처님의 팔만사천 법문'

성도 후 45년이라는 긴 세월 동안 모든 중생의 고통을 덜어주고자 근기따라 설하신 가르침이 팔만사천 가지나 될진대 《법화경》만이 필요하다면 부처님께선 무엇 때문에 그토록 많은 법문을 하셨는가? 그분이 이 땅에 오신 것은 중생의 아픔을 치료해 주시는 의왕으로서 그 의미가 크다고 하겠다. 머리가 아프면 거기에 따른 처방을 주시고, 팔이 아프면 또 거기에 맞도록 처방해 주셨다.

《법화경》《방등경》《금강경》《아함경》….

무수히 많은 그 경전들은 각각 병따라 내려주신 적절한 처방전인 것이다. 이것이 정도고 저것은 외도라고 단정지을 계제가 아니다. 내 병이 무슨 병인가를 잘 알아 부처님 말씀대로 따르고 치유하면 그것이 성불의 지름길이다. 배가 아픈데 두통약을 먹으면 효험이 있을 턱이 있겠는가? 그러한 부처님의 참뜻을 알지 못하고 《법화경》 제자는 《법화경》만을 고집하고 《금강경》 제자는 《금강경》만이 최고라고 한다면 이미 그들은 불제자가 아니다.

《금강경》 제자들이여!

《금강경》 어느 구절에 《금강경》만이 최고라는 말씀이 있던가? 나머지 다른 경은 외도요 사도란 구절이 있던가?

"무릇 형상이 있는 모든 것은 허망하니 그 형상이 형상 아님을 볼 때 즉시 여래를 볼 수 있으리라."

《금강경》이 최고라는 형상을 세운다면 이미 부처의 지위에 나아갈 길이 막혀버린다는 것을 알아차려야 한다.

"삼세제불이 모두가 반야바라밀다에 의지하여 부처를 이루었으므로 《금강경》은 삼세제불이 출현한 고향이다."

이와 같이 한마음 항복받아 아상·인상·중생상·수자상의 사상이 녹아지는, 유위법이 용납될 수 없는 지위를 일러 반야바라밀다에 의지한다고 하였고, 삼세제불의 이름이 부처일 뿐인데도 따로 형상을 가진다고 말한다면 이미 《금강경》 독송 제자가 될 수 없다.

탐욕도 벗어놓고
성냄도 벗어놓고
물같이 바람같이
살다가 가라하네

옛 선지식의 가르침은 한점 티끌도 없이 이렇게 맑건만 우리 어리석은 후학들이 욕심내고 성내며 내것은 다 옳고 다른 것은 그르다고 내치는 누를 범하고 있으니 무엇을 일러 시비하고 모두들 자기와 똑같은 의견을 갖도록 하는가? 불법 공부한다는 이들이 이러한 것에 걸리고 괜한 시비로 끝내 삼보를 비방하는 죄업을 짓게 되니 참으로 인과응보 두려운지고.

세존께서 성도하신 후에 불법을 세상에 어떻게 펼쳐야 할 것인가를 고민하고 고민하셨다는 것이 새삼스럽게 가슴에 저며온다. 그분의 깊은 뜻을 알지 못한 채 앵무새처럼 말로써 불법의 대의를 그르치는 불제자가 너무도 많음에 통탄을 금치 못한다.

허공에 뜬 달이 일천강을 비추듯이

《금강경》 독송 제자들이여!
《법화경》 독송 제자들이여!
 그대들은 자신의 병을 아는가? 자기의 서 있는 위치도 모르고 좋다니까 약을 먹고 있지나 않은지 돌아보라. 무엇보다 중요한 것은 자신을 돌아보고 선택한 처방전을 정성껏 받아들여 실천에 옮기는 것이다. 만일 모양을 보고, 소리를 듣고 진리를 찾아나선다면 그것이 사도요, 여래와는 십만팔천 리 떨어지는 것임을 명심하라.
 우리가 《금강경》을 독송하는 것은 그것만이 진리여서가 아니라 하고많은 경들 중 하나를 택한 것에 불과하며 《금강경》과 인연되신 분들과 수행하며 부처님께서 말씀하신 참뜻을 알고자 함이다. 불평불만으로 가득 차있는 중생심을 《금강경》의 밝은 기운으로 녹이고 《금강경》 가르침대로 함께 더불어 사는 정토를 만드는 데 그 목적이 있는 것이다. 경을 읽는 것만이 목적이 될 수 없으며 말씀을 지침삼아 부처님께서 펼치셨던 참으로 귀한 뜻을 알기 위함일 뿐이다. 《금강경》이면 어떻고 《법화경》이면 어떤가? 또 참선공부면 어떤가? 어느 것도 최고가 될 수 없으며 어느 것도 최하가 될 수 없음이다.
 '만법귀일萬法歸一'이라고 하였듯이 어느 것 하나라도 열심히 하여 그 뜻을 알아차리면 곧 여래의 자리임이라.
 허공에 뜬 달이 일천강을 비추듯이 달은 하나인데 비춰지는 강마다 물의 맑기나 흔들림에 따라 다른 것. 그른 것이니 옳은 것이니 더이상 시비하지 말자. 맑고 고요한 강물에 뜨는 달은 싱그러울 것이며 또렷할 것이요, 흐리고 출렁이는 강물에 비춰진 달은 찌그러지고 희뿌옇게 보일 것 아닌가? 진리는 그대로인데 중생 스스로의 그릇이 다를 뿐임을 자각하자.

　부처님의 출현은 오직 반야바라밀다에 의지한다고 했는데 반야바라밀다는 절대성이며 영원성이다. 여래의 법신이 가고 옴이 없듯이 반야바라밀다도 이와 같다.

　태어남도 멸함도 용납하지 않는다. 어두움이 빛을 가리지 못하는 것과 같은 이치다.

　《금강경》이 최상승이면 부처님의 팔만사천 시교는 불지견의 열쇠다.

　불법은 평등성지요, 묘관찰지요, 원각성지이므로 차제가 없다. 중생 스스로의 어리석음으로 분별하는 내 식대로의 불교는 이제 있을 수 없는 일이다. 무시겁 이래 짓고 받은 죄업의 덩어리를 항복받는 것은 놔두고라도 불법 비방의 새로운 죄업을 짓는 어리석음을 경계하고 경계할 일이다.

　부처님 시봉하는 불제자들이여!

　오로지 부처님 법 따라 살아야 한다. 불법을 글자에 따라 해석함은 삼세제불과 원수 맺는 것이요, 불법을 경에 따라 해석하지 아니하고 참선만 하는 것 역시 외도라 했다. 다같이 불법 속에 살아갈 때 질시 왜곡으로 골육간의 싸움은 최소한 막아야겠다.

　《법화경》독송 제자님들 거룩하시어라.

　《금강경》독송 제자님들 희유하시어라.

　참선 수좌님들 역시 그러하시어라.

　부처님께서 중생의 병 따라 주신 처방의 약을 먹고 자신의 병을 치유하면 영약 아님이 어디 있으랴! 부디 이와 같이 따를지어다. 부디 이와 같이 받들어 모실지어다.

허공에 뜬 달이 일천강을 비추듯이

제3부
열린 마음, 밝은 마음

정진의 등, 밝음의 등

하늘 위와 하늘 아래 나 홀로 존귀하도다. 삼계가 모두 고통에 헤매이니 내 마땅히 이를 편안케 하리라.

－수행본기경 강신품－

연일 부처님 오신 날 연등을 밝히기 위해 연잎을 접고 연등을 만드는 불사가 계속되고 있다. 금강보현회 무원행 회장을 비롯한 여러 보살님들의 손끝에 부처님 잘 모시려는 기쁨이 묻어난다.

인류에 부처님께서 오신 것은 빙하기에서 생명이 살 수 있는 시대로 전환된 만큼 일대사이다. 그런데 사람이 삶을 영위해가되 참 사람의 삶을 모르고 너무 오랜 세월 동안 짐승의 인식능력 정도로 살고 있다. 한 40대 남자와의 상담에서 나름대로 느낀 점을 적어본다.

그는 지금 극히 행복하다고 했고, 무엇이 행복하느냐는 질문에 어린 자식의 생글생글 웃는 얼굴을 바라보고 부인의 시중을 받으며 왜 내가 진작 결혼을 안했던가 싶은 생각이 난다고 했다. 건강한 남자의 욕구가 만족되었으니 세상 부러울 게 없다는 그에게 '절에는 그럼 왜 나왔습니까?' 물었다. '지금보다 더 잘살고 행복하고 싶어서'라고 답한다. 족한 줄 알지만 더 행복하고 싶은 욕구, 그것은 인간만이 가지는 것이다. 밀림의 왕 사자도 제 배가 부르면 토끼와 장난을 할 정도로 온순해지고 해치지 않는데….

인간은 누구나 행복하고 싶어한다. 그러나 그런 욕구는 쉽게 충족되지 않는다.

밥 세 끼 해결하기 위해 정신없이 사는 사람이 더 많은 세상이고 보면 자기의 분수에 족할 줄 알아야지 지금보다 더 잘 살아야지 행복해야지 한다면 결국 행복은 무지개가 되고 만다. 세 끼 밥만 먹어도 행복하고 부자가 되어도 불행한 것은 자신이 정한 기준일 뿐이다.

우리의 삶이 물질의 풍요로 이루어진다면 기업의 회장은 다 행복해야 하고 부인 덕으로 행복하다면 결혼한 모든 남자는 다 행복해야 한다. 그렇다면 왜 그룹회장 아들이 자살을 하고 일국의 최고명예를 가진 자녀가 마약중독으로 교도소 밥을 먹고 있는가? 그뿐이 아니다. 좋은 시설의 병원에 돈과 권력 가진 자들만 입원하고, 돈 들인 저택에는 가끔 한 번씩 들르면서 호텔방에서 호적에도 안 오른 연인끼리 잠을 잔다.

행복한 줄 알고 사는데 왜 그런 일이 생기는 것일까?

우리는 지금 빨리 자기를 돌아보아야 한다. 부처님께서 이 땅에 오셔서 자비를 펴신 깊고 밝은 뜻을 새겨야 할 때다.

중생에게 여래의 지견을 보여주려고 세상에 출현하며, 중생으로 하여금 부처님의 지견을 깨닫게 하려고 세상에 출현하며, 중생으로 하여금 여래의 지견에 들어가게 하려고 세상에 출현한다.
　　　　　　　　　　　　　　　　　－법화경 방편품－

　부처님께서 이 땅에 이런 뜻으로 오신 것을 잘 알아서 다가올 부처님 오신 날 정성으로 등공양을 올려야 하겠다.
　여래의 가르침을 신수 봉행하는 정진의 등, 밝음의 등을 밝혀야 하겠다.
　우리 불자들이 한 톨의 밥알로 육신을 지탱하고 수도와 효도로써 영혼의 안락을 추구하며 살면서 그런 정성으로 밝히는 등이라면 그 빛이 얼마나 환할 것인가?
　저 강원도의 소쩍새 마을에도 자비의 등을 밝히며, 재물에 눈멀어 민족의 젖줄에 페놀을 흘리는 저 못난 이들과 권력의 횡포로 검게 그을린 농부의 가슴을 아프게 하는 이들에게도 각성의 주름등을 밝혀주자.
　하나님께서 부처님을 만나기 위해 내려오실 교회의 뾰족탑에도 아름다운 연등을 달아드리자.
　이 땅 불자여! 수효행자여!
　우리, 인간을 모르고 사는 돈사람, 권력사람들의 가슴에다 등을 밝혀 여래지견을 얻고 중생을 편안케 하는 부처님의 참뜻을 받들어 모시지 않으려는가?

나도 농사를 짓소

"사문이여, 우리는 밭을 갈고 씨를 뿌리고 가을에 수확을 해서 양식으로 삼는데 당신도 스스로 농사를 지어 양식을 삼으시오."하고 어느 농부가 퉁명스럽게 말하자 석존께서 말씀하셨다.

"나도 농사를 짓소. 밭을 갈고 씨를 뿌리고 거둬들이고 양식을 얻는 것이오."

ㅡ아함경 中 탁발경에서ㅡ

봄부터 여름까지 씨앗을 뿌리고 가꾸며 김을 매고하여 그 결실을 거둬들이는 가을이다. 처음 '여래원'이란 깃발을 꽂고 출발했던 수효행자들이 4년간 정진하고 묵묵히 스스로를 지켜 온 가르침을 이제 점검하고 펼쳐야 할 때가 온 것 같다.

4년이란 여정 동안 수많은 어려움과 아픔 속에서도 꿋꿋하게 버티어 온 생명력이 깨끗한 연꽃을 피우는 모습이 눈에 선하다.

나는 부처님께서 일러주신 말씀 중에 '회향'이라는 단어를 좋아한다. 내가 애써 쌓은 공덕을 모든 살아있는 생명에로 돌린다는 교훈은 어느 말씀보다 감동적이었기 때문이다. 공덕을 쌓는 일도 힘써 정진하여 깨달음을 얻는 일도 중요하나 '독각승'에서 그쳐버린다면 아무런 의미가 없다.

부처님께서 위대하신 연유가 여기에 있다고 해도 과언이 아닐 만큼 '회향'은 중요한 의미를 갖는다. 특히 요즈음처럼 불신이 우리 사회를 지배하고 정신이 멍든 어려운 시대를 살아감에 '회향'이 주는 교훈은 영약이 아닐 수 없다. 서양문물이 분별없이 쏟아져 들어와 잘못 받아들였느니 잘 받아들였느니 시비를 하지만 그것은 결국 우리들 스스로 우리의 정신문화를 지키지 못한 것의 산물이므로 책임을 인식해야만 한다. 역사의 어두웠던 부분 역시 우리의 것을 지키고 가꾸는 부지런함이 없었다는 증거이다.

시간이 쉬임없이 흐르고 물질문명도 급속도로 발전해왔다. 온통 버튼 하나만 누르면 해결되는 편리한 기계들이 우리의 실생활을 차지하고 있으며 풍족한 물질들로 하여 아이들은 아끼는 것을 모르고 자란다. 더 좋은 것, 더 예쁜 것, 눈에 보이고 귀에 들리고 손으로 만져지는 것에 급급하여 살아가느라 무엇이 옳고 그른지 가치판단이 무뎌진 아이들, 달라는 대로, 하자는 대로 다 해주는 어설픈 어른들이 요즘을 살아가는 대부분의 사람들 모습이다. 편리한 생활이 욕망을 충족시키기 위한 수단일진대 오히려 인간을 동물적 사고로 떨어뜨리는 가증스런 어리석음임을 아는 이가 과연 몇이나 되는가?

인간의 계발이 급선무이다. 사람의 심성을 밝히는 일이 너무도 급한 일이다. 언제부터인가 한토민족의 근본 교육이념이 빛을 잃고 표류하고 있다. 한 해의 농사를 짓는 농부가 땅을 갈고 씨를 뿌리고 잡초를 뽑으며 수확을 하기까지 지극정성을 쏟는 것처럼 어머니의 자식 농사도 그와 같다. 토양의 질과 기후를 잘 가려 씨를 뿌리는 것처럼 정돈되고 맑은 심성으로 배우자를 만나고, 외부의 나쁜 것으로부터 보호하며 아이를 가져야 한다. 잡초를 뽑아 버리고 김을 매는 것처럼 나쁜 버릇을 고쳐주며 나쁜 친구를 멀리하도록 가르쳐야 한다. 어머니가 어린 아들 딸을 보육하는 것은 그렇게 행해져야 할 일이다.

　부모는 자식이 자기와 동등한 인격을 지니고 자신의 삶을 살아갈 인간임을 분명히 인식할 필요가 있다. 자신의 품에 자식을 부여안고 은혜와 사랑을 허울씌워 치맛자락의 노예로 만들고 있지는 않는지 늘 돌아보고 살펴야 할 의무가 있다. 토양에 맞지 않는 씨를 뿌리면 많은 수확을 얻을 수 없는 진리는 사람의 경우도 똑같이 적용된다. 자식의 개성과 소질은 무시한 채 부모의 뜻대로 자식을 만들려고 애를 쓰며 뜻을 따라주지 않으면 원망하는 맘을 가져 스스로 삶의 가치를 포기하려 든다.

　훌륭한 어머니는 다만 자식이 사람다운 사람이 되기를 소원한다. 공부를 잘하고 똑똑한 것보다 사람의 도리를 지킬 줄 아는 이가 되길 바란다. 일찍이 부처님께서도 말씀하시길 "나는 다만 길을 가리킬 뿐이다. 내가 대신 가주지는 못한다"하셨다. 그렇다. 부모가 아무리 자식을 사랑한다 하여도 자식의 삶을 대신 살아주진 못한다. 오직 올바른 길로 갈 수 있도록 도와줄 뿐이다.

수확의 때를 맞아 풍성하게 익어가는 들판을 생각하며 미래의 부모가 될 우리 수효행자들이 이러한 도리를 잘 새겨 공부해나가는 모습을 흐뭇하게 지켜보리라. 부모의 도리를 아는 부모가 드물고 자식의 도리를 아는 자식이 드문 요즈음, 흐르는 물은 위에서 아래로 흐르듯 부모의 심성이 맑고 곧아 자식을 가르치면 그 자식 역시 맑고 곧은 것이 진리이거늘….

세상의 어머니들이여! 농사짓는 농부가 그 토양을 잘 살펴 인삼 잡곡 등을 구분하여 씨앗을 뿌리듯 사람의 교육도 도사가 되어 사랑하는 자식을 가꿀 일이다. 곡괭이로 파고, 가래질을 하고 토양이 나쁘면 토질개량을 하고 물이 모자라면 양수질을 하고…. 그러는 가운데에서 정성을 쏟은 만큼 수확을 얻게 되고 더이상 바라지 않은 마음가짐, 성실한 농부의 마음가짐을 배우며 살 일이다.

100년, 200년은 못 내다보더라도 최소한 10년, 20년은 내다보고 자식을 가르쳐야 옳을 것이다. 그나마 얼마 안되는 이들이라도 그러한 정신을 지켜온 애씀이 있었기에 사회가 뿌리째 흔들리진 않은 것 같다.

금력이 힘이 되어 온통 이 사회를 지배하는 것처럼 보이지만 이제 금력의 시대도 지나고 있다. 인격이 존중되고 정신적인 지도자를 사회의 어른으로 모시고 살 날도 얼마 남지 않았다.

우리가 해야 할 일이다. 우리 수효 행자들이 그런 자세로 정신적 지도자가 되어야 하고 슬기로운 어머니가 되어야 한다. 부처님의 말씀 따라 사는 도인들이 많이 나와서 이 사회를 밝혀야 한다.

우리가 지어야 할 농사는 인격을 농사짓는 것이며 사람됨을 갈고 닦아 수확을 거두는 것이다. 왠지 한껏 목청을 돋우고 이렇게 외치고 싶다.
"나도 사람의 농사를 짓소!"

자비방생의 노래

 건강하고 행복하게 살아가고자 하는 것은 사람이 갖는 가장 순수한 바램일 것이다. 하지만 그 행복이 사회라는 테두리 안에서 생겨난다는 것을 잊고 사는 사람들이 너무도 많다. 나 혼자 모든 부와 명예를 가지면 된다는 생각으로 인연의 굴레처럼 얽혀 마음의 안정을 찾지 못하고 시간의 틀 속에 자기 목표의 방향을 내던진 채 살아가는 것이 요즘 사람들의 모습이다. 이럴 때 우리 불교도들이 어떻게 행동하고 실천하며 사람과 사람의 관계를 원만하게 풀어가는가 하는 것이 중요한 과제로 요구된다. 그리고 사람과 사람의 얽힌 인연줄뿐만 아니라 사람과 동물간의 관계 역시 중요한 의미를 가진다. 천지 만물이 둘이 아니라는 진실 앞에 너와 내가 따로 없고 사람과 동물이 다르지 않으며 생명의 무게는 똑같다는 것을 인식해야 한다.

사람이 왜 위대한가? 그것은 감정이 있고 또 감정을 조절할 수 있는 무한한 능력이 있기 때문이다. 물론 동물도 나름대로의 감정이 있고, 암컷이 수컷을 위하며 어미가 새끼를 사랑하는 것은 사람과 다를 바가 없다. 그러나 사람의 위대한 점은 이 감정을 절제하는 이성이 존재하기 때문인 것이다. 그러한 사람의 위대함을 저버리고 오히려 짐승보다 못한 어리석음을 범하는 이들을 우리는 주위에서 너무도 쉽게 만날 수 있다. 향락과 취미라는 이름으로 자연 속에서 자유롭게 살아가고 있는 뭇짐승과 물고기들을 해치고 죽음을 강요하는 사람이길 거부한 사람들….

불교를 열심히 수행하는 어느 거사님이 주위에 그런 사람이 있을 때 방편으로 전해주라던 말씀이 생각난다. 가까이 사는 친척분이 낚시를 하도 즐겨 딱하게 여긴 거사님이 몇 번 충고를 해도 그분은 습성을 버리지 못하고 계속 낚시를 다녔다 한다. 그런데 그분의 부인이 출산하고 얼마 안되어 또 낚시도구를 챙기는 걸 보고 보다 못한 거사님은 "이 매정한 사람아, 그대는 자식을 얻고 좋아서 어쩔 줄 몰라하면서 또 다른 생명을 죽이려 하는가? 그대의 낚싯바늘에 매달려 올라오는 고기가 자네 자식이라고 생각해보게. 자네 심정이 어떻겠는지…. 새끼고기를 잃은 어미고기의 심정도 그와 같을 것 아닌가? 그리고 또 바꿔서 새끼고기에게 줄 먹이를 찾으러 나온 어미고기가 낚싯바늘을 물었다고 생각한다면 남겨진 새끼고기들은 어떻게 되겠나? 그런 걸 한 번이라도 생각한다면 그래도 낚시를 다니고 싶은가?"하며 강경하게 말하니 그 친척분은 생각한 바가 있었던지 낚시를 그만두었다고 한다.

우리는 우리 주변에서 흔히 만나는 그런 분께 우리 불자들부터 오계의 첫째인 '살생하지 말라'를 잘 지켜 몸소 보여주어야 한다. 내 목숨이 소중하듯 남의 목숨도 소중하다는 것을 늘 가슴에 지니며 살 일이다.

이 시대의 대선지식이셨던 '청담 스님.' 활화산처럼 살다가신 그분은 한 번의 파계를 뼛속 깊이 참회하시며 맨발에다 걸인 차림으로 10년 고행하시는 중에도 늘 작은 벌레라도 밟으실까봐 지팡이로 땅을 가만가만 두드리고 다니셨다고 한다. 그만큼 생명가진 이들을 소중히 여기셨음은 우리들에게 시사하는 바가 크다. 미물중생을 사랑하고 아낌이 그러한데 하물며 사람의 그것이야 더 말할 것이 있겠는가?

생명을 소중히 여김은 꼭 살생하지 말라는 뜻만 담긴 것이 아니다. 간접적으로 괴롭히고 맘을 아프게 하는 것도 넓은 의미의 살생이 되므로 끊임없이 자신을 살피고 자신의 삶 속에 올라오는 번뇌의 모양새를 살펴가야 할 것이다. 자신이 알고도 모르고도 저지른 일들은 필히 업으로 돌아와 자신의 삶을 위협함을 가슴 깊이 느끼고 살자. 한치 앞도 내다보지 못하는 모자라는 생각으로 시시비비하고 내 주장을 내세우려고 사람의 가슴에 못을 박으면 돌고돌아 결국 내 가슴에 못이 박히는 것은 자연의 순리인 것을….

계절의 모양이 바뀌어가고, 사람 사는 모양도 바뀌어가고, 매일 매일 사람 사는 얘기를 실은 신문도 바뀌어 가지만 늘 들리는 얘기는 '돈 몇 만원 때문에 귀한 생명을 죽였다' '청소년 문제가 날로 심각하다' 등 어두운 것들이다. 돈 때문에 사람을 죽인 살인자를 두고 '죽일 놈, 나쁜 놈' 하기보다, '머리에 피도 안 마른 놈들이 하는 짓거리가 못쓰겠다'며 비행 청소년을 비난하는 것보다 한 번쯤 그 원인을 살피는 일이 더 시급하다. 따지고 보면 결국은 우리의 책임이고 내 책임이기 때문이다.

　비행 청소년을 나무라기에 앞서 기성세대의 교육관을 돌아보아야 한다. '공부해라' 하기에만 열을 올리지 말고 부모가 몸소 책상 앞에 앉고 공부하는 자세를 보여준다면 아이들은 그대로 본받아 따르기 마련이다. 어느 국민학생이 그려온 그림숙제가 온통 화투장이더라는 아연한 사실 앞에 어떻게 어린 아이를 야단칠 것인가? 부모 자신이 환락과 사치에 병들어 있는데 자식 사랑하는 마음이랍시고 '너는 공부만 잘해라' '너는 절약하고 검소해라' 하면 어느 아이가 부모의 말을 따르겠는가? 어머니의 옷차림에 산 교육이 있고, 아버지가 출퇴근하는 모습에 인성이 길러진다. '아무개야' 하고 부르는 한마디에도 아이들의 심성이 결정지어진다. 사람치고, 아니 생명 가진 동물치고 자기 자식 귀엽고 사랑스럽지 않는 자는 없을 것이다. 그렇지만 참으로 사랑하는 자식을 어떻게 길러야 하는지 아는 이가 몇이나 될까? 우리 속담에 '미운 자식 떡 하나요, 귀여운 자식 회초리 한 대'란 말이 있다. 요즈음의 부모는 자식을 사랑할 줄 모른다. 사랑이라는 이름으로 자식을 패륜아로 만들 뿐이다. 이웃집 어른이 아이를 꾸지람이라도 할라치면 자기 자식 버릇은 아랑곳없고 남의 귀한 자식 나무란다고 되려 어른을 홀대하고 언쟁까지 일삼으니 딱한 노릇이다. 그 아이가 어찌 어른 공경을 알 것이며 부모를 존경하겠는가? 그러한 아이들이 어른이 되고 사회를 이루고 살 때 과연 사회의 모습은? 가히 상상하기가 두렵다.

 자식 사랑, 우리의 자식 사랑이 이렇게 잘못되어 있음을 인식해야 한다. 물론 전부가 그렇다는 것은 아니다. 일부 몰지각한 어른들의 소치이나 점점 늘어나는 모양을 하고 있으니 노파심에서 하는 말이다.

 법당에 나오시는 보살님 한 분께서 이러한 것들을 진심으로 염려하고, 몸소 늘 단정한 모습으로 기도하며 책 읽는 모습을 아이들에게 보여주려고 애쓰신 결과 아이들이 달라지더란 고마운 말씀을 해주셨다. 공부하는 엄마 곁에 스스로 책을 가져와 조용히 공부하여 성적이 향상된 것은 물론 공손한 태도로 말 한마디 하는 것도 달라졌다며 기뻐하시던 모습에 참으로 흐뭇함을 느꼈다. 사람의 한 생각은 이토록 아름다운 삶의 모습을 그린다. 이렇게만 된다면 행복한 가정은 자연히 지켜지게 마련이다.

 '자비 방생'

 살아있는 생명을 살려주는 것만이 자비방생은 아니다. 우리의 사랑하는 자식들을 사람답게 가르침도 방생이요, 내 이웃의 아픔을 함께하는 것도 방생인 것이다. 부처님의 가르침도 결국은 현실 극락에 있는 것, 내일의 행복을 위함이 아닌 오늘 이 순간의 행복을 만드는 가르침이다. 고행을 가르친 것이 아니라 절제와 겸양으로 복밭을 가꾸는 법을 가르치셨다. 멀리서 부처님의 모양만 찾는 어리석음에서 이젠 벗어나자. 지금이라도 이웃에게, 내 아이에게 따뜻함을 전하는 자비방생의 보살이 되자.

도둑이 든 횃불

비구들이여, 너희들 출가자는 머리를 깎고 발우를 든 다음 집집마다 걸식하여 삶을 유지한다. 걸식이라 함은 세상의 모든 활명(活名:생활방법) 중의 하급이다. 그러나 비구들이여, 모든 것에 탁월한 사람들이 이와 같이 생활을 하게 되는 소이(所以)는 올바른 목적이 있는 까닭이다. 왕에게 박해를 당해서가 아니며, 도적에 쫓기기 때문도 아니며, 빚에 쫄려서도 아니며, 생활이 궁해졌기 때문도 아니다. 우리들은 괴로움에 빠져 있고 고통에 젖어 있으며 괴로움에 둘러싸여 있다. 그래서 우리들은 이 고의 집적(集積)을 없애기 위해서 이곳에 모인 것이다.

—아함경—

세상살이가, 세상을 사는 사람들이 삶의 지표를 잃고 표류하게 된 지 이미 오래다. 주위의 풍경을 돌아보면 이건 사람이 산다고 할 수 없을 정도에 달해 있다. 예전의 범죄는 인간의 기본적 욕망으로 인해 재물과 권력을 빼앗으려는 다툼으로 일어났다. 그러나 근래에 들어서는 그런 이유가 아니더라도 사람의 생명을 쉽게 앗아가는 사태가 발생하고 있다. 자존심을 좀 건드렸다는 단순한 이유로도 수십 명의 사람을 죽이는 일이 우리 주위에도 일어나고 있다.

며칠 전, 어느 보살님께서 법당을 찾아오셔서 한숨 섞인 걱정을 하셨다.

"스님, 도대체 세상이 어찌되려고 그러는지요? 사람 욕심 때문에 이웃을 죽이더니 이제는 아무 이유도 없이 사람 죽이는 일이 생기다니 이건 겁이 나서 바깥 출입도 못하겠습니다. 한날 한시도 마음을 놓을 수가 없으니 불안스러워 못 살겠어요."

나는 그 보살님의 얘기를 듣고는 조용히 다그쳐 물었다.

"보살님, 세상을 욕하고 어느 누구도 믿을 수 없는 마음으로 굳어지고 있는 보살님의 그 마음이 바로 이같은 사회를 만드는 원인이란 걸 생각해 보셨습니까? 나는 깨끗하고 이웃을 위하여 밝게 사는데 상대가 의심스럽고, 나 하나의 변명을 위해 온통 나라를 역사를 사회를 치한으로 몰아세우는 그 생각이 결국 이 시대의 살인극을 불러일으킨다는 걸 인식해야 합니다. 왜 나만 발을 쏙 뺍니까? 모두의 책임입니다."

그렇다. 그 보살님의 걱정은 쉽게 생각하면 동조하고 당연하다 할지 모른다. 살인자를 손가락질하고 남의 얘기처럼 수군거리며….

그러나 누가 장담할 수 있는가? 상황 설정이 되기만 한다면 나도 누군가를 살해할지 모른다. 그만큼 우리의 살아가는 이 시대가 황폐하고 어렵다. 그렇다고 강 건너 불 구경하듯 나하고는 상관없다고 할일이 아닌 것이다. 가진 것이, 가지고 싶은 것이 너무나 많은 우리의 삶이다. 우리는 스스로 부귀영화와 왕자의 지위를 버리고 중생의 고통 속에 함께하며 살다가신 부처님의 원행으로 생각을 내어야 한다. 이 시대의 아픔을 해결해야 할 2천만이 넘는 불교도 가운데 과연 부처님의 뜻을 본받아 실천하는 자가 몇 명이나 될지 의문이 간다. 중생과 더불어 중생의 고통을 해결하기 위하여 중생으로 오신 부처님의 높고도 거룩한 뜻을 받들어 실천에 옮기는 길만이 참다운 불자의 서열에 나아가는 것이다.

만물의 영장이라 일컫는 우리 인간이 동물(축생) 경계의 전오식, 즉 육신경계로 사량 분별하는 인식수준이므로 극히 미진하다고 이야기한다. 배가 고플 때 자기보다 약하다고 판단되면 사정없이 먹이 취급하여 덤비는 것이 동물이다. 인간이라 하여 동물을 우습게 여기면서 그러한 동물의 오식 경계도 벗어나지 못하고 있는 부끄러운 사실을 인식해야 한다. 정신의 교접으로 삶을 지탱하기보다는 내가 살기 위하여 동료와 가족을, 부모와 상사를 짓밟는 행위를 당연시 여기며 사는 사람들은 어쩌면 동물의 인식 경계에도 못 미치고 있는지 모른다. 나를 낮추는 너그러운 양보가 우리의 삶을 지탱하고, 이 시대를 지탱하는 버팀돌이 되리라는 것을 알고 살 일이다.

나만 잘났고 주위의 사람들을 낮추는 것으로 내 자리가 높아질 줄 알지만 가장 밑바닥으로 나를 낮추는 것이 진실로 높다는 것을 알고 살 일이다.

우리의 부처님께서 가장 천시하는 걸식행위를 기꺼이 행하신 까닭도 여기에 있다. 자신을 낮춤으로써 만인의 우러름을 받으신 분이 바로 부처님이시다. 그분의 거룩하신 뜻을 배우고 따르는 우리는 어려운 책임을 바깥으로 돌리고 나를 세워서는 불자가 아니다. 하심下心하고 나의 작은 힘이라도 밝혀 나라는 관념의 틀을 깨는 것이 부처님의 세계로 옮아가는 불자의 길이다.

절에 나오는 까닭이 무엇인가? 절에 나와서 참회하고 경전을 읽고 보살행을 배우는 것도 결국 지금까지 집적되어온 나의 닫힌 생각을 부숴버리는 데 있다고 하겠다. 스님네의 수행이 처음에는 대중생활로 이루어지고, 대중생활을 요구하는 것도 같은 의미이다. 아직 때가 이르지 못하여 자신의 수행이 부족함을 책망해야 할 것인데 내 하나의 생각을 내어 대중에게 불편을 끼친다면 이미 수행자로서의 자격 미달이다. 대중생활을 잘하는 수행자가 혼자 공부도 잘하는 법이다. 절은 분별심으로 괴로워하고 아만으로 떠있는 마음을 항복받고 출격장부로서의 서열에 나아가기 위해 수행하는 곳, 부처님의 가르침으로 철저하게 인생의 근본문제 해결을 찾는 곳이다.

부처님의 참다운 가르침을 가슴에 새겨 이 시대의 아픔을 책임지는 불자가 되어야 하겠다. 일부 스님들의 인상 찌푸릴 행각이나 종단의 모습을 보고 손가락질하는 것은 하늘을 쳐다보고 침을 뱉는 격임을 알아야 한다. 그러한 모습에서 개종을 일삼는 불자는 이미 부처님의 가르침과는 십만팔천 리 떨어진 것이다. 내 생각을 내지 말고 나를 낮추는 하심으로 시대의 아픔을 해결하는 불자가 되자. 칠흑같은 어둠 속에서 횃불을 들고 가는 이가 비록 도둑이더라도 그를 좇아가야 한다. 도둑이 싫다고 그를 좇지 않으면 언제까지라도 어둠 속에 헤매이게 됨을 인식하자.

　부처님께서 말씀하신 모든 가르침대로 내 생각 내지 않고 따르는 불자, 나를 낮추는 불자가 우리의 모습이 되어야겠다.

보살의 참사랑을 실천하려면

　보살이 수행함에 있어 그 마음을 굳건히 하여 권태로움을 없애는 데는 다음 네 가지 법이 있다. 첫째, 모든 중생에 대비심大悲心을 일으킬 것. 둘째, 정진하여 나아가되 게으름이 없을 것. 셋째, 나고 죽음이 꿈 같음을 알 것. 마지막으로 부처님의 지혜를 바로 관찰할 것이다.
　보살의 님은 중생이요, 보살의 님은 또 부처이므로 위의 네 가지 법을 실천하는 데 있어 절대적이라 후회하는 법이 없다.
　사람은 세상을 살면서 사랑이라는 이름으로 여러가지 인연을 맺고 살지만 추호도 후회없는 사랑을 하는 이가 드물다. 진실한 사랑을 아는 이, 그 사랑을 깊이 느껴 온전히 하는 이가 쉽지 않은 것이다. 진실한 사랑에 임하여 행복하기 위해서는 끊임없이 노력하고 참고 기다려 가꾸는 자세가 필요하다. 대상에 대한 조건과 자기 관념에서 철저히 벗어나 분별심을 버리고 상대의 입장으로 돌아가는 마음 씀씀이, 그것이 바로 진실한 사랑이므로 그처럼 행하여 나아가면 탐욕 경계를 벗어나 무상대도에 들 수 있는 것이다.

　요즘을 사는 사람들은 부모자식간에도 부부간에도 참사랑을 실천하지 못한다. 우리는 보살의 중생을 사랑하는 마음, 부처님을 우러르는 마음을 깨쳐 알아야 한다. 그렇게 해야만이 오로지 한 길, 부처님과 하나되는 본원력에 들 수 있기 때문이다. 모든 것을 부처님의 뜻으로 돌리고 맡겨 송아지가 코뚜레에 꿰어 길들여져 가듯 수행자는 보살의 원행을 닮아가야 한다.

　보살의 원행을 실천하는 과정에서 죄와 복의 인과가 분명함을 잘 알고 다음 네 가지 법으로 선근을 키울 일이다. 첫째 계를 지니고, 둘째 많이 들으며, 셋째 보시하고, 마지막으로 출가하는 것.

　계를 지닌다는 것은 부처가 되는 가장 근본적인 덕목이니 이를 잘 밟아 실천함이 보살로 나아감이다. 소홀했던 것, 그냥 보아 넘길 부분이 절대적 위치에 있음을 알아차림이 도를 이루는 것이다. 많이 듣는 것은 남을 존경하고 예불하는 것으로 스스로의 마음이 상대적 개념에 사로잡혀 있다면 남의 이야기를 듣기 어려움을 알 일이다.

　보시는 탐욕을 버리는 가장 요긴한 문이다. 고통의 해방이다. 그럼에도 어리석은 우리는 더 가지려 하고, 가져야 잘사는 것으로 착각한다. 그러나 가짐으로써 더 많은 것을 잃으며 나누어 줌으로써 자유로워짐을 알아야 한다.

　마지막으로 질병과 장애, 좌절과 실패를 극복하는 최상의 방편, 그것은 출가이다.

'출가出家'는 중생의 고통바다를 벗어남이요, 진정한 삶의 의미를 앎이며 내가 중생임을 앎이요, 내가 여자임을 내가 남자임을 아는 것이다. 내 인생항로를 바로 잡음이요, 내가 가정주부임을 내가 가장임을 앎이며, 내가 정치인이며 지도자며 경제인임을 참으로 아는 것이다. 그리고 세상의 뭇삶의 모습을 바로하고 바르게 사는 것이며 자식을 가진 부모됨을 부모를 모시는 자식됨을 알아서 사람의 사랑을 똑바로 아는 것이다.

출가는 바람소리를 거역하지 않고 물 흐르는 모습을 질투하지 않음이다.

보살의 길로 나아가려는 모든 이들이여!

보살의 진실한 마음, 참사랑하는 법을 배워 따를지어다. 보살의 결코 후회하지 않는 참사랑을 몸소 행할지어다.

번뇌는 곧 깨달음이다

　마땅히 알라. 일체의 번뇌가 여래의 종자가 되는 것이니 비유하면 큰 바다에 들어가지 않고서는 능히 최고의 보배구슬을 얻지 못하는 것과 같으니라. 이와 같이 번뇌의 큰 바다에 들어가지 않고서는 곧 일체지一切智의 보배를 능히 얻지 못하리라.

－유마경 불도품 －

　'갈등과 번민을 즐기라. 번뇌는 곧 깨달음이다.'
　언뜻 듣기에는 황당한 생각이 들지 모른다. 그러나 잘 새겨 들으면 참으로 보배로운 가르침이다.
　요즘은 세상살이가 여간 어렵지 않다고들 한다.
　식당업을 하는 어느 불자님 한 분이 찾아와 손님이 없어 먹고살기 어려우니 업종을 바꿔보면 어떻겠냐는 상담을 해오고, 만나는 사람마다 물가는 비싸고 장사가 안되어 살기 어렵다고 하소연이다.

돈 버는 어려움이야 좀 적게 쓰고 적은 것으로 만족하면 된다지만 사람의 마음은 물질적 불만에 따른 비례치를 훨씬 능가하여 정신적 고통이 이만저만이 아니다.

그렇다. 이러할 때 우리는 부족한 생활을 즐길 줄 알아야 한다. 따지고 보면 아무 소용없는 곳에 정신을 너무 빼앗기고 사는 우리들. 자신의 허물을 드러내놓고 보이기를 떳떳이 할 수 있는 당당함을 배우자.

어리석음 중에서도 그 으뜸은 스스로의 잘못을 인정하지 못하는 것이다.

옛말에 말 한마디로 천냥 빚을 갚는다거나 정성이 지극하면 하늘도 감응한다 했듯이 지극한 마음 씀씀이가 고통을 즐길 수 있게 한다. 허물을 합리화하는 것은 지극한 마음 씀씀이가 아니며 그것은 악의 수렁이 되어 자신도 망하고 이웃도 망하게 한다. 말 한마디의 진실이, 숨김없는 자세가 어떠한 불합리도 순일해질 수 있게 한다.

즐거움이란 결국 거짓없는 마음에서 얻어낼 수 있는 지순한 행복이며, 어리석음을 되풀이하지 않고 지혜의 감로를 계발하는 개척자이다.

우리는 번뇌의 큰 바다에 들어가야 한다. 고통을 거부해서는 행복의 나라에 나아갈 수가 없다. 스스로가 중생임을 깨달아야 보배를 건질 수 있으니 번뇌는 행복의 요소인 셈이다.

뼈를 깎는 고통이 있은 후에 얻어지는 깨달음의 가치는 수행자들에게 더할 수 없이 큰 것이며 그 수행자체로써 고통을 내치지 않는다. 오히려 고통의 늪 속으로 깊숙이 파고들어가 그 속에 감추어진 황금보배를 찾아낸다. 흡사 금광을 캐는 광부와도 같이…. 태산준령에 깊이 자리하고 있는 금광석을 캐기 위해 천길 만길도 마다치 않고 땀흘려 수고하고 노력함을 기꺼이 감수하는 광부는 그대로 수행자이다.

우리는 고통이라는 이름 앞에 너무 주눅이 들어있다. 당당히 맞서 이길 용기가 부족하다. 언젠가 열심히 수행하시는 어느 보살님으로부터 어려움에 당당히 맞서신 귀한 말씀을 듣고 느낀 바가 많았다.

그분은 매일 법당에 나와서 하루 500배씩 참회정진을 해오셨는데 그로 인하여 얻어진 작은 깨달음의 소식을 전해 듣고는 참으로 기뻤다. 불경기라 장사가 잘되지 않는다는 말씀끝에 푸념 섞인 걱정이 아니라 오히려 수행 삼으시게 되었다는….

장사가 잘되지 않을 땐 예전 같으면 전전긍긍하고 은행빚을 낸다 어쩐다 하면서 무진 애를 썼을 텐데 요즘은 별로 걱정이 되지 않고 현재의 여건을 긍정하고 더 열심히 수행 정진하여 이럴 때일수록 정신이 건강하고 밝은 사람 되도록 발원하신다고 했다. 지금 가진 재산으로 먹는 걱정은 안해도 되지 않느냐는 그 분의 말씀은 고대광실 같은 집을 두고도 현재 수입이 작으면 안절부절 못하는 여느 사람들과는 엄청난 생각 차이를 보인다. 밥 못 먹으면 죽 먹고, 생활에 위협을 느끼면 더 작은 집으로 줄이면 되고….

세상에 태어나 50여 년을 통틀어 처음으로 만족스런 마음을 가지게 된 기쁨이 얼마나 크겠는가.

오랜 세월 남보다 더 나아야 한다는 생각으로 상대적 빈곤 속에서 남편을 원망하고 남의 자식과 내 자식을 비교해서 조금이라도 뒤지면 자존심이 깎이는 고통이 이제는 다 사라져 버린 깨달음. 500배 참회정진의 힘이 이토록 대단한 것인지 몰랐다며 밝게 웃으시는 그분을 뵈오니 새삼 가슴이 뿌듯해 온다.

고통 속에 피어나는 연꽃.

하늘의 태양이 구름을 개의치 않듯 우리의 마음이란 여의보주도 번뇌를 거부치 않으리. 여의보주는 번뇌와 고통의 늪에서 허우적거려도 빛을 잃지는 않으리.

탐스럽게 열린 붉은 감은 떫고 푸른 빛깔 시절이 지나야 하는 것처럼 수행 또한 그러할지니 티끌 세상을 등지고 어찌 보리의 기쁨을 맛볼 수 있을까?

꿈을 깨어보자.

꿈이 꿈인 줄 알아차려야 무명업장에게 누명씌워진 억울함에서 벗어나리라. 업이란 이름에 갇힌 가련한 중생에게 또 다른 업의 올가미를 덮어씌움은 무간지옥을 모면키 어려우리라.

깨달음은 옛 이야기가 되고, 농부는 한 해를 마무리하려 하지 않고 농산물의 건강한 종자를 지성으로 간수하도다.

흡사 보배가 세월의 묵은 방치에도 보배이듯이 번뇌와 보리는 무던히도 이어지는 고통 속에서 조화의 멋스러움으로 옛 모습 잃지 않도다.

벗이여!

태양은 떠오르고 잎새에 이는 영롱한 오색빛, 뉘라서 거두어 가며 뉘라서 해골더미 속 보배구슬 꿰어 갈까보냐!

번뇌는 곧 깨달음이다

보살이 머무는 곳

　어떤 종족인가를 묻지 말고 어떤 일을 하느냐고 물어라. 나무도 비비고 비비면 불을 일으킬 수 있나니 천한 종족에서도 숭고한 성자가 생기느니라. 지혜로워 부끄러워할 줄 알고 꾸준히 노력하여 자기를 잘 항복받아 깨달음을 끝내 이루어 청정한 범행을 닦았노라. 그대가 받들어 공양을 베풀 때가 바로 지금이니라.
　…중략…
　너 바라문은 나무를 모아 불을 피워 제사지내면서 재앙을 물리칠 수 있는 청정한 도라 생각하지 말라. 너는 나무를 모아 불 피우는 것을 버리고 불이 타듯 왕성한 믿음으로 부지런히 노력하며 곳곳에 있는 바른 수행자들에게 공양을 마련하도록 하라. 항상 욕심의 불꽃과 너의 마음속의 불길을 끄도록 하라.

－잡아함경 제44 : 1184경 －

부처님의 가르침은 밝음 그 자체이다. 티끌만큼의 오차도 용납되지 않는다. 부처님의 가르침대로만 믿고 따른다면 그 어떠한 번뇌의 마장 장애도 극복할 수 있다.

깨달음의 끝은 어디인가?

깨달음이란 무언가?

하늘에서 툭 떨어지는 것도 아니요, 따로이 무엇을 얻고 손으로 만질 수 있는 것도 아니다. 다만 아무런 이유도 조건도 없는 대자유이다. 많은 사람들은 자신의 욕망 충족을 위해 신앙생활을 하는 잘못을 저지르고 있다. 그것도 너무나 가증스런 몸짓으로 부처님의 가르침을 왜곡하려 든다. 중생의 안락을 위하여 사바연에 몸 나투신 그 높고도 거룩하신 은혜의 가르침을 오도하는 이들이 너무도 많다. 세존의 가르침은 이 어려운 시대를 밝히고 수렁에서 구해내는 태양일진대 중생의 어리석은 몸짓으로 길바닥에 나뒹구는 신세가 되고 만 것이다.

정초가 되면 신점을 보고 부적이나 써주는 일들. 이사나 묘자리 결혼 날짜를 잡는다면 으레 좋은 날 좋은 때 좋은 것만 바라나니, 그러한 이들을 어찌 부처님 제자라 할 수 있겠는가? 부처님의 이름을 앞세우고 불교와는 전혀 별개의 종교생활을 하며 그래도 부처님 믿는 불자라 자처하는 스님네들 신도님네들이 좋다는 명산고찰을 찾아다니며 중생의 욕망 충족의 소원을 빌어가는 요즈음 나는 참으로 절실히 세존의 행함이 없는 자비가 그립다. 믿음은 부처님이란 껍질 속에 있지 않고 한마음 잘 쓰는 데 있는 것인데….

얼마 전 어느 보살님께서 상담을 청해왔다. 그분은 절에 다닌 지 근 10년이란 세월을 보내셨는데 남편 되는 분께서 우연히 성당에 다니게 된 후부터 절에 못가게 하고 성당에 같이 가자고 성화니 이 일을 어쩌면 좋으냐며 남편의 뜻을 따르자니 절에 죄짓는 것 같고 남편의 뜻을 거역하자니 집안에 평지풍파가 일어나게 생겼다고 걱정하셨다. 갑자기 타종교를 고집하는 남편을 원망하시는 보살님께 이렇게 말씀드렸다.

"보살님, 절에 오랫동안 다니셨으니 보살이 어떤 분인지는 아시겠지요? 보살은 남을 기쁘게 하고 스스로의 욕심의 불꽃을 꺼야 합니다. 보살님께서 종교를 고집하는 거사님을 원망하고 계시지만 그것은 보살님도 똑같이 고집하고 있습니다. 남편의 뜻을 따른다해서 부처님을 저버린 게 아닙니다. 절에 안 나온다 해서 부처님 제자되길 포기한 게 아닙니다. 누구나 자신의 종교가 소중한 거죠. 불교의 껍데기를 고집하지 말고 남편을 어떻게 하면 행복하게 할 수 있을까 생각하면 그것이 부처님 가르침이니까요."

출가사문의 길을 가면서 왜 신도 한 분을 개종시키고 싶지 않겠는가? 그러나 실제로 부처님의 가르침이 그러하기에 그렇게밖에 말씀드릴 수 없었고, 그분도 이해하는 웃음을 짓고 돌아가셨다.

신앙은 이기적인 자신을 항복받고 욕심의 불길을 항복받아 중생에게 공양하는 것이다. 남편을 공양하는 것이 아내의 도리이고, 아내의 밝은 뜻을 따름이 남편의 도리이며 자식이 부모를 따르는 것도 또한 도리이다.

세상이 성현의 가르침을 버리고 살더라도, 부처님의 근본된 가르침을 중생의 욕심을 채우기 위한 방법으로 치부하여 고통의 나래를 접을 수 없을지라도, 타인이 어떤 재앙에서 벗어나게 할 수는 없다. 오직 자신의 끊임없는 정진력에 의하여 탐욕스런 중생이 되기도 하고 자유로운 부처가 되기도 한다. 불교의 가르침은 자신이 처한 바로 그 장소에서 행복을 찾을 수 있어야 하고 기쁨을 찾을 수 있어야 한다.

보살이 머무는 곳!

부처님께서 은혜를 내리신 곳은 어디인가?

지금 바로 이 순간 중생 위한 감로의 법수가 내리는 장소, 그곳은 내가 서 있는 여기이다. 장소를 옮겨서 시기를 봐서 어디엔가 특별히 존재하는 것이 아닌….

부처의 절대성은 시간과 공간을 초월하고 시간과 공간에 함께하고, 시간과 공간에 매이지 아니하고 우주에 그대로 충만해 있으므로 따로 이름지을 것이 없다.

행복하도다. 즐겁도다. 항상하도다.

밝고 맑은 우리 본래의 주인공이여!

사랑하는 남편의 화난 모습도 즐거워하는 모습도 모두 님의 것인데 다만 내 욕심으로 내 필요한 것만 가지려 하다니… 남편이 사랑스러울 때는 화난 모습도 날 더욱 사랑하심이 되고 미워 보일 때는 행복한 모습도 싫게 느껴진다.

모두가 날 보살되게 하려는 채찍으로 받아들인다면 어디에 고통이 존재하는가? 천민은, 중생은 허공간 어디에도 머물지 않고 다만 고통의 크기도 받는 이의 그릇따라 다르며 보살도 부처도 본래 없는 것, 남의 아픔 대신 받기 원할 때 자유의 기쁨 가슴 가득 피어나도다.

아침에는 예불하고 낮에는 풀 뽑고

옥토끼 오르내려 늙음을 재촉하고
금까마귀 들락날락 세월이 가네
명예와 재물은 아침 이슬이고
괴로움과 영화는 저녁 연기로다

간절히 도 닦기를 원하노니
어서어서 부처되어 중생 건지라
이 생에 내 말을 듣지 않으면
오는 생에 기어이 한탄하리라.

-계초심학입문-

산과 강물의 도도한 물줄기도 변한다는 세월의 흐름 속에 시골의 작은 암자에 찌든 육신은 쉬는 시간을 갖는다. 어떤 기쁨보다는 본원을 놓치지나 아니했나 하는 염려의 마음이 앞선다. 어쩐지 대중 보살핌을 혹시라도 소홀히 하지는 않았는지 스스로에게 묻기를 여러 번 한다.

　도심의 한가운데서 미련하게도 장승처럼 벼텨온 자신이 대견하기도 하다. 어느 스님은 버리고 떠난다 하지만 우리같이 사는 사문이야 출가의 방향이 버리고 떠남이 아닐진대 대중으로 떠날 수 없고 그들과의 만남, 도반의 소중함을 더욱 깊게 할 뿐이다. 차라리 버리고 떠남이 아니라 한적한 시골에서 세월을 엮어가기보다는 도심의 온갖 풍상과 더불어 살 수밖에 없는 나만의 외길이다.

　한시라도 대중의 은혜를 잊을 수가 없고 내 땅과 내 민족의 숨소리를 함께함을 삶의 모두로 삼는다. 다만 아쉬움이 있다면 더욱 밀착되어 하나되어 살지 못함이 아프고 쓰릴 뿐이다.

　나의 영원한 님이신 성훈선사의 가르침이 그러하고 민족의 스승 원효 보살의 삶의 본원이 그러하고 우리 석가 세존의 위대한 절규도 그러함을 안다.

　절 마당에 수십 년 동안 절의 온갖 애깃거리를 다 알고 있듯이 서 있는 은행나무, 맨 꼭대기 까치집, 아침이면 어김없이 하루의 시작을 알리듯이 울어주는 까치소리, 야산이라 하기엔 조금은 커 보이는 산맥 마지막에 우뚝 솟은 능단산을 이웃한 마을사람과 내려다보이는 학교 운동장에 학생들의 모습이 보이면서 그렇게 하루 해는 시작된다.

　경허스님은 참선곡에서 하루 해가 가게 되면 다리 뻗고 울었다고 노래했었다. 어리석은 사문이라 공양미 축내는 줄도 모르고 눈뜨면 새벽 예불이고 눈 감으면 저녁이다. 내가 지은 업장인지라 생각은 하고 있지만 새벽에 몸을 털고 일어나기란 여간 불편하지 않다. 아침저녁 예불 모시기 수행을 하는 것 외에는 특별한 일과를 찾지 못하고, 새로이 도량에 인연이 되면서 증·개축하기 시작한 관음전 불사가 한창 진행 중이라 돕는 일 없이 하루 해만 보내기 벌써 열흘이 지났다.

창고 여래원 법당에서 땡전 한푼없이 시작된 금강정토원의 푸른꿈이 엊그제 같은데 현실로 다가선 지금 옛 도반들이 촉촉히 내리는 이슬비 속에 무지개처럼 떠오른다. 심원 야반 호행 자재 무광 선도 지금쯤 어디서 무엇을 하고 있을까? 물오른 감나무가 열리면 옛 이야기도 나누고 차 한 잔에 간절히 도닦기를 원하노니 이러고 있지만은 않을 것이다.

쟁기 밑에 몸을 떠는 굼벵이를 다시 묻고 아직 때가 멀었다고 할까보냐? 밤 깊은 줄도 모르고 《금강경》을 읽으면서 현실정토를 염원하고 그 재원을 마련하려 십시일반 저축하고 저축하길….

지성이면 하늘 은혜가 있다고 했던가.
"어서 어서 부처되어 중생 건지라."

떠남이 아니라 함께하기 위함인가? 우리 세존의 첫 전교 제자이자 도반인 교진여 아습비 등 다섯 비구는 그 탁월한 복례를 갖추었음에도 목련 가섭 등에게 10대제자의 영광을 물려주고 다만 첫 도반으로 남기를 결정한 무거운 혜량에 절로 고개가 숙여진다.

벗들이 떠난 그곳에 보락 성여 효성 세 분의 행자와 원화여원 법사가 자리를 지키고 처음 세운 뜻이 열락의 뜰에 꽃피는 그날까지 물도 주고 김도 매며 거름이 되어 가꾸어 갈 것이다.

도반이 자리에 없다해서 그리움에 눈물 흘리는 나약함은 없을 것이오. 부디 어서 어서 부처되어 중생 건지라.

스님, 저 건너에 비 맞은 솔나무 가지가 물안개 속 아름다운 멋을 자랑하고 있습니다.
스님께서 머물다 가셨던 그곳에서 저희는 곤히 잠이 들고, 스님의 참선하시는 모습 눈에 선하게 다가서고 있습니다. 그토록 민족의 장래를 생각하시고 당신의 모든 것 떨구고 향토민족의 영광 앞에 몸 나투신 거룩한 뜻을 조금은 알 것 같으이다.
스님께서는 지금쯤 어디 계실까?
저기 저곳 피둥거리며 살려달라고 애원하는 삼도중생을 구원하시느라 경황이 없으신 줄 모르는 바 아니오나 인간들의 삶은 더욱 악랄하고 이기심이 극도한 악심들이 축생을 앞지르고 있은 지 오래입니다.
통일 조국을 스님께서 염원하셨다면 저희는 통일 조국에 민족의 찬란한 정신을 가꾸어갈 도량과 도제가 있어야겠기에 오늘도 벗들과 함께하면서 한쪽은 제대로 펴지 못하는 다리를, 육신을 얼르기도 하고 홀치기도 하면서 참회하고 있습니다.

"이 생에 내 말을 듣지 않으면 오는 생에 기어이 한탄하리라."
노랑색 파랑색 빨강색을 구분 잘하는 이들은 또다른 분별을 짓겠지. 어허 중생아 속 차리거라. 뭐 그라노, 니 말에 니 속지 않으면 되네.

아침에는 예불하고 낮에는 풀 뽑고

1배 2배 오늘따라 절하는 몸뚱이가 무겁다. 업장이라는 놈이 언제고 속썩이는 짓을 그만둘지. 관음전 불사를 하루라도 빨리 마치려고 아침부터 나무에 박는 못이 보이지 않는 시간까지 쉬지 않고 공사를 진행하는 보안 거사님의 애쓰는 양에 고개가 숙여진다.

요즈음처럼 어지러운 세상이라 넋두리한 자신이 부끄럽기조차 하다.

세상은 희망이 있다.

정토는 먼 세상의 이야기가 아니다.

별미라 해야 라면인데 그 힘든 일에 즐거운 마음으로 드시는 모습이 좋다. 은혜는 갚아야 하고 또 사문은 그리해야 한다.

어제는 초하루라 마산 금강정토원 가족들이 왔다. 쑥을 캐느라 재미있어 하는 양들이 부처님전에 감사할 뿐이다.

약사여래가 갈 곳을 몰라하고
문수보살은 나무를 심고
똥통을 지고 춤을 춘다
보현보살은 본래가 청소부라
열릴 듯 다문 입술이 아름답구려
세존이시여! 나투소서
복업의 땅에 오시옵소서
그리하여 우리 함께
호미들고 쟁기질하여
아침에는 예불하고
낮에는 풀 뽑고

저녁에는 참회하고
밤에는 별빛들 벗하며
오는 세상을
가는 세상을 즐거워하노라.

딸을 시집보내는 아버지의 마음

벌써 7년 전의 만남이다.

불꽃같은 정열로 포교 일선에서 뛰어다닐 그 당시, 신앙이 없는 불교는 송장과 같다.

신앙이 없는 불교는 표류하는 배와 같다.

신앙이 없는 사람은 짐승과 다를 바 없다.

독설에 가까운 직언을 하면서 내 스스로 부처님의 외아들임을, 전법하는 부루나임을 자처할 때 지칠 줄 모르는 열기는 어떤 유혹도 따가운 외부의 시선도 장애가 되지는 못했다. 오히려 그러한 것들이 힘이 되고 거름이 된다고 여겼으니 말이다.

동명화···.

아침 이슬이 채 가시기도 전의 해맑은 모습으로 다가선 아이.

하얀 목련처럼 기억되는 동명화와의 만남은 부처님의 은혜로움 속에서 이루어진 법사와 불자의 그것을 떠나 부녀간의 정리가 되었다.

　20평 남짓한 이층 양옥집에 포교원을 내고 원효 기불심 선재 공무원불자회 등의 법회를 열면서 낮 동안은 거의 혼자 지냈고, 해질녘에야 내 진실한 도반들 다정한 벗들이 하나 둘 모여든다. 많게는 70여 명에서 작게는 20~30명.

　늘 북적거리며 우리의 꿈과 미래가 여울져 뿌리내리던 그곳에 한토불교 개혁의 씨앗들이 움틀 때 동명화, 백화는 어김없이 5시 30분이면 손가방 하나, 부식을 사든 비닐봉지 하나가 양손에 들려있다.

　2시간 후 쯤이면 다리를 포개고 앉아 있지 않으면 친구들을 반갑게 맞이한다.

　때론 벗들의 은혜를 생각하면 도심의 뿌연 하늘에 눈길을 묻고 생각없는 사념에 잠긴다.

　은혜를 모르는 자는 사람이 아니제. 부처님, 저 친구들의 진실한 우정을 버리지 않게 하소서.

　마지막까지 저들의 가슴 속에 내리어 주신 부처님 사랑과 은혜가 영원토록 용기와 지혜를 주시옵소서.

　코앞에 와 닿는 팔용산 허리를 감고도는 한줄기 감빛 구름이 드날린 비구름에 쫓기어 옥상을 내려온다.

　정성껏 차려진 공양을 하며 나는 감사의 눈물을 수없이 흘린다.

　천팔백만 원의 전세금을 내야하는 절박한 현실 속에 우리가 가진 돈 사백만 원···.

　그것은 작은 돈이 될 수 없고, 땀과 땀으로 모아진 정재, 빛깔은 우유빛이되 그 속에는 붉은 혈청으로 얻어진 그런 정재의 돈이다.

특별한 인연은 없지만 선뜻 일천만 원을 무이자로 빌려주신 애기보살의 보시금과 시골 작은 암자 노스님께서 이백만 원을 보시. 그리고 성훈 큰스님께서 주신 이백만 원이 일약 우리에게는 상상과도 같은 일천팔백만 원짜리 전셋집을 포교당으로 만들어 법회를 열고, 젊은 사자들의 터전으로 삼게 되었다.

365일을 한결같이 찾아와 공양주 소임을 다해준 동명화. 나는 수행자로서 그를 무던히 아꼈고, 부디 잘 자라서 불교의 동량이 되고 미래 불교를 잘 이끌 그런 수행자가 되길 원했다. 그 역시 그렇게 살 것을 발원하였다.

옛사람 말씀에 드는 정은 몰라도 나는 정은 안다고 했던가?

스물 여섯의 세연을 속일 수는 없고 동명화의 얼굴에는 인생의 깊고 쓰린 고통의 그림자들이 언뜻 언뜻 맑음을 시기하는 삶의 뒤안길에서….

평범한 가정으로 돌아간다는 얘기에 가슴으로 느끼는 충동이 잔잔한 호수에 던져진 파도처럼 물결이 분명한 선을 그어 가듯 아쉬움과 쓰린 한숨이 절로 나는 듯했다.

동명화에게 내려진 결혼선언에 대한 아버지가 내린 선물은 하루 3천배 1주일, 2만 1천배.

한 가정의 주인이 되려면 그 정도의 복력은 있어야 되지 않겠냐며 가혹하리만큼 냉정하게 참회기도를 엄명하게 되었다.

엎드려 절하는 모습 보면서 저 기도가 끝나면 은근히 재발심의 기회가 되길 기대하며 사람없는 불교에 엄마 누이보살이 되어 줄 것을 바라는 마음이 시집가는 쪽보다 훨씬 무거웠는지 모른다.

은근히 동명화 같은 원력과 신심이라면 능히 개인의 행복 아닌 우리 모두의 행복을 누리게 하는 힘이 있으리라는 기대 또한 컸었다. 꼭 착한 아내되고 착한 며느리, 착한 어머니의 본분사를 다하리라 믿는다.

한 20여 일째 계속되고 있는 발목과 발바닥에 생긴 이름모를 멍울들 때문에 고통이 어지간하다.

오늘도 잠시 몸뚱이를 방바닥에 붙이는데 방문을 조금 급하게 두드리는 소리에 자세를 바로하니 신부대기실에 있는 딸의 모습을 보고 몸을 돌려 차마 돌아왔는데 벌써 신혼여행에서 다녀와 공손히 삼배를 올리는 딸의 모습, 일배라도 절하는 복덕이 소멸되지 않고 행복의 거름이 될 것을 발원한다.

출가사문에게는 어딘지 모르게 세속적인 인정인지는 모르나 우리가 하고자 하는 길은 인정이 모자라 병통이 생기고 가정이 불화한다.

사문이 딸을 위해 뿌리는 눈물이 모든 가정에 행복의 거름되고 소금되는 그런 마음을 가져본다.

동명화의 옛집은 이제 친정집이 되고 어제까지의 아버지 어머니는 이제 친정아버지 친정어머니가 된다.

오늘 낳아주신 아버지를 따라 26년 동안 몸담았던 집을 떠나 시댁으로 가는 동명화.

친정을 떠나기 전 부처님 전에서 만난 사제지간이자 부녀간이었던 옛 이야기를 하며 바쁜 일정 속에 찾아준 착한 마음이 업산을 오르는 좋은 안내자가 될 것을 믿는다.

이제 떠나야 하는 동명화, 차마 아쉬운 눈물을 뿌리며 "스님, 요다음에 약천사(제주도에 있는 이 나라 최고 대찰) 참배시켜 드리겠습니다."

"응, 동명화 보살, 시부모 잘 모시고 남편을 부처님처럼 모셔야 한다."

"스님, 은혜 꼭 갚겠습니다."

"보살이 되어야 해"

"스님, 건강하세요."

시집가는 제자, 아니 딸을 보내는 아버지의 눈가에 이슬이 맺힌다.

젊은 도령아!

 젊은 도령아!
 며칠 전 번갯불이 천지의 질서를 희롱하고 천둥이 금새라도 태산준령을 넘어뜨릴 기세를 하였다.
 대중형제들과 함께 얘기를 나누다 말고 자연의 진노하심에 마음이 기우는 것을 어찌하지 못하였다.
 세상은 대체 어디로 가고 있는지 하늘도 저토록 극에 달해 정신 못차리는 인간을 경고하는가 하였다.
 사람의 마음이 하늘에 통하여 천심天心이라 하는데 하늘 모습 저러하니 사람의 마음이랴….
 어리석음의 허울을 뒤집어쓴지라 세상의 모든 것들이 영원한 줄로 알고 스스로 만들어 놓은 탐욕의 멍에를 벗지 못하는 사람, 사람들.
 사람이 짓고 받는 인과는 필연인데 돌이킬 수 없는 탐욕이 죽음을 재촉하는 줄 모르고 세상사 원망만 늘어가는구나. 그러니 '에라 모르겠다. 실컷 놀고 먹기나 하자'며 술이나 마시고 노래나 부르고 춤추는 향락으로 빠져들 수밖에….

인간이 누릴 수 있는 사유의 공간은 바닥이 난 요즘, 배아파 낳은 자식을 공부노예 만들어 아이는 책상 지키는 컴퓨터가 되고, 터질듯한 가슴 움켜쥔 채 멍들어가는 청춘들을 바라보는 이 눈이 차라리 원망스럽다.

도령아!

그래도 좌절일랑은 말아라.

자유의지 상실로 민족의 동산에 어린 묘목이 뿌리째 잘려나가는 모양을 보느냐?

어느 철학자의 '인류의 갱생은 전 지구촌에 있는 모든 대학을 폐쇄하는 데 있다'는 말을 들어보았느냐?

정신의 복고는 값싼 지식을 무너뜨리는 데 있다.

수학 한 문제가, 영어 한마디가 인생에 얼마만한 도움을 안겨 주더냐? 그나마 몇몇 온전한 정신을 추구하고자 발버둥치는 이들은 정신병동을 지키고 있음을 모르는 바 아니다만, 도령아! 늦지는 않았느니라.

부처님의 은혜로우심은 이렇게 어려움 속에서 꽃을 피우는 법이니 그대의 할일이 많아져서 좋지 않은가?

마지막으로 남기신 말씀, 모든 것은 바뀌어 간다는 그 말씀이 얼마나 희망적인가 말이다. 눈에 보이는 모든 것이 온통 썩어 문드러져도 한 물줄기를 바꾸면 바다로 흘러갈 수 있다는 말이 아닐까?

세상은 쉼없이 변하고 있다.

그대의 본분이 무엇이던가?

변하는 물줄기를 바로 틀어주는 사명을 잊지 말아라. 목마른 자에게 물을 주는 일을 그대가 아니고 누가 따로 해내리.

'게으르지 말고 부지런히 노력하라.'

바뀌어가는 모습을 들여다보며 세상의 모든 이들에게 참삶의 길을 일러주며 하루 하루 노력하다 보면 언제 달라졌는지도 모르게 달라져 있을 것이다.

사람의 욕심이 무한하다면 깨달음도 무한할 것이다.

그만한 탐욕심, 잘만 돌이키면 그 엄청난 힘으로 자비광명의 연꽃 세계는 금방이라도 필 것이다.

젊은 도령아!

짓고 받는 업의 흐름을 찾아

　그대들이여, 먼저 부모를 공경하고 다음 부처님께 예배하면 반드시 불·법·승 삼보와 불법을 수호하는 천룡이 따라서 인간으로서 떳떳하게 살며 만복을 누릴 수 있지만, 이를 어기면 지옥에 떨어질 것이다.
　남을 위하여 마음 일으켜 착한 사람을 앞에 모시되 질투하지 말며 시기하지 말며, 고통받는 이를 보거든 가엾이 여겨 마땅히 풀어주고 도와주어야 할 것이다.
　인간이 행복과 존귀함을 잃지 않고 살아가는 것은 다 전생에 닦은바 인연이 바탕이 되어 얻어진 것이다.
　또 사람으로 태어나 같은 하늘 아래서 같은 공기를 마시며 살아가지만 그 삶이 각양각색임은 다 스스로 지어 스스로 받는 자작자수自作自受 업보이고 인연에 의해 결과로써 되돌려 받는 인과응보因果應報인 것이다.

이제 이 〈삼세인과〉 법문을 들려주는 까닭은 3세에 걸친 인과가 모든 중생에게 더없이 소중함을 일러줌이니 이를 받들고 지니어 행하는 이는 세세생생에 온갖 안락을 얻을 것이다. 지성껏 염송하여 가볍게 여기지 말 것이다.
―삼세인과경―

불교를 깨달음의 종교라 한다.
눈 떠있어 어둡지 않은 밝음의 세계로 나아가는 믿음이라 한다. 깨어있다는 것은 흙과 진주를 분명히 구분할 수 있는 것, 행해야 할 것과 행하지 않아야 할 것을 확연히 아는 것, 스스로가 머물고 나아감에 거침없이 실천에 옮기는 것이다. 그래서 부처님께서는 늘 자신을 알아차리는 법을 간절히 가르치고 계신다.
그렇다면, 그 간곡한 가르침을 따르고 있는 우리는 자신을 얼마나 알아차리고 있는가?
똥과 오줌을 분간하지 못한 분비물을 설사라고 한다. 요즈음을 사는 이들 거의가 이 설사병에 걸려 있으면서도 치료는커녕 자각도 하지 못하고 있다. 마구잡이로 그냥 되는 대로 살고 있는 것이다. 흡사 장기판의 '졸'처럼 동서남북을 가리지 않고 한쪽으로만 가지 않으며 이리저리 앞으로 나아가며 미친 듯 자기의 덫에 발목이 잡힌 줄도 모른 채 제 주장만 내세운다. 그렇게 죄업만 늘려가는 삶의 연속이다.
부처님께서는 업業이란 것은 어떠한 경우에라도 내가 받아야 한다 하셨다.
우바리 존자도 한 번 저지른 죄업은 삼세제불이 출현한다 해도 다시 회복할 수 없다는 무서운 경책을 주셨고, 우리 속담에 엎지러진 물은 다시 담을 수 없다는 말처럼 한 번 지은 죄업은 엄청난 무게로 우리에게 돌아온다.

이러한 정업이라 바꾸기 어렵다고 인생을 포기할 것인가? 다시 돌이켜 착한 공덕을 짓는다고 해서 죄업을 피해갈 수는 없다는 숙명은 받아들여야 한다.

그러나 우리는 업을 바꿀 수 있다. 업의 밑바닥을 보고 온갖 오물로 가득찬 하수구의 채집장을 파헤치듯 인생이란 모양을 파헤쳐 안으로부터 원인을 제거하고 사람의 죄업을 자신으로부터 찾아 소멸하면 불가능한 일만은 아니다.

이 얼마나 다행한 일인가? 죄업의 원인을 알았으니 참회할 수 있고, 그것이 아무리 크고 큰 고통과 아픔이 따른다해도 결국 그 대가를 다 지불하게 될 때 밝은 세상은 나타나는 것이며 정토에 나아갈 수 있다는 것이…. 이처럼 죄업을 소멸하려고 애쓰는 중생의 곁에서 대원본존 지장보살님은 그 죄업의 본처를 명확히 밝히고 그 구렁텅이에서 빠져나올 수 있도록 도와주심을 알아야 하겠다.

부모에게 불효하고 더구나 살해하는 등의 행위
부처님의 몸을 해하거나 삼보를 비방한 죄
절의 재물을 축내거나 불자를 죽이고 계율을 어기는 행위
절 재산을 훔치거나 주지 않는 것을 취하는 죄

위와 같은 죄를 저지른 중생은 말할 것도 없이 무간지옥행이다. 그럼에도 지장보살이란 분은 그 중생마저도 끝내 버리지 않으시고 구원의 자비로움을 보이고 계신다.

지장보살님의 이와 같은 큰 원은 현대사회가 안고 있는 종교의 허구성을 그대로 다 감싸고 있다는 걸 우리는 눈을 바로 뜨고 볼 일이다.

요즘 사회처럼 종교가 난립하고 한결같이 밝음으로 나아가는 길이 아닌 더욱 어둠의 수렁으로 몰아넣는 그러한 종교란 이름의 속임수에 빠져 허덕이는 종교 편력자를 만날 때마다 자못 가슴깊이 부처님의 은혜에 고개 숙여지고 지장보살님의 자비에 눈시울이 뜨거워진다.

'심판'이라는 이름 아래 만물의 영장이라는 인간을 짐승 이하로 떨어뜨리고 의식을 짓밟아 그들의 종교에 의지할 것을 미치광이처럼 선전하는 모습에 아직도 현혹되는 혹세무민이 있으니 이 무슨 낭패인가?

그렇게 속고 살아가는 어리석은 중생에게도 지장보살님은 구원의 손길을 내밀고 계시건만 알지 못하는 안타까움을 어찌할지 모를 일이다. 이런 모습으로 사는 어른이 많아지고 있으니 아이들의 마음이 황폐하고 부모 자식간의 그 고귀한 사랑이 어느 구석에 버려졌는지 찾을 수 없는데 어찌 밝은 세상을 가꾸는 데 험난하지 않겠는가 말이다.

자식을 사랑하는 부모의 가르침이 무엇인가? 훌륭한 부모가 되는 길은 무엇인가?

자식을 둔 부모라면 이 문제는 반드시 스스로에게 던져지는 질문이 되어야 한다. 어느 민속학자는 말하기를, '자식을 잘 키우는 부모는 그 자식이 할아버지 할머니 무릎에서, 그 품안에서 어린시절을 보내게 하는 것'이라 했다.

할머니의 따뜻한 품속에서 인생의 높낮이를 알고, 사람이 살아야 할 길을 다 아는 선지식의 끝없는 사랑을 가슴으로 전달받을 때 그 교훈으로 자란 자식이 빗나갈 까닭이 있을까? 자식을 잘 키우는 최상의 현명한 교훈은 부모된 이가 그의 부모된 이를 공경하고 봉양하는 길이다.

그대는 자식을 사랑하는가?

자식을 사랑한다면, 자식을 훌륭히 키우고 싶다면 지금이라도 당신의 부모를 봉양하라.

이제 우리는 끼니를 걱정할 시기는 지났다. 더이상 가지려 한다면 그것은 욕심일 뿐, 누구를 위하여 그처럼 정신없이 재산을 모으느냐고 묻는다면 거의 대부분의 사람들이 '자식들 고생 안시켜야지' 한다.

자식은 재산관리인이 아니요, 재물의 노예가 아니다. 당신의 귀한 자식을 재물의 노예로 떨어뜨리지 않고 싶다면 자식에게 쏟아붓는 사랑의 물줄기를 위로 거슬러 부모님께로 돌릴 일이다.

석가모니 부처님께서 어머니를 제도하러 도리천에 몸을 나투신 뜻을, 지장보살님께서 어머니를 위해 신명을 버린 뜻을, 가슴 깊이 새기어 오늘을 살아가자.

어머니! 이 못난 자식을 이제 용서하시고 자식의 봉양을 거두어 주소서.

나무 석가모니불

나무 지장보살 마하살.

불자의 보은報恩

　가야伽倻라는 나라는 단기 2375(서기 42)년, 김해와 낙동강 중하류 지역을 중심으로 김수로왕이 본 가야(금관가야)를 세운 후 520년 동안 존속하면서 일본까지 영토를 넓힌 나라였다.
　단기 2381(서기 48)년 음력 7월 27일, 구간 등이 김수로왕을 뵙고 "대왕께서 강림하셔 국기를 세운 이래 아직 좋은 배필을 만나지 못하셨으니 신들의 집에 있는 처녀 중 가장 예쁜 처녀를 입궁시켜 대왕의 짝이 되게 하겠나이다." 하였다.
　이때 김수로왕은 "내가 여기 온 것은 하늘의 뜻이요, 짝짓기로 왕후를 삼는 것도 천명이니 경들은 염려 말라." 하고 유천간에 명하여 작은 배와 좋은 말을 가지고 망산도(진해시 용원동)에 가서 기다리게 하고 구간에게 명령하여 승점에 가게 했다.
　그러자 갑자기 바다 서남쪽에서 붉은 돛단배가 장서를 휘날리면서 북쪽을 향하여 오고 있었다. 유천간 등이 먼저 섬 위에서 횃불을 올리니 사람들이 다투어 뛰어왔다.
 임시궁전을 마련하고 이들 일행을 맞이하니, 배에서 아리따운 처녀가 내려와 이렇게 말했다.
 "저는 아유타국(인도) 공주인데 성은 허許이고, 이름은 황옥이며 나이는 16세입니다. 본국에 있을 때 금년 5월 모후께서 말씀하시기를, 어젯밤 꿈에 황천상제를 뵈었는데 상제께서는 '가락국왕 수로는 하늘이 보낸 큰 보물로 신성한 분이다. 아직 배필을 정하지 못했으니 공주를 보내어 배필을 삼게 하라' 하셨다기에 이렇게 먼 길을 왔습니다."
―삼국유사―

 이때 허왕비 일행과 함께 온 장유화상(왕비의 오빠)이 불탑인 파사석탑과 불경을 가지고 온 것으로 밝히고 있어 이 기록에 따르면 종래의 불교 전래년도인 고구려 소수림왕대 372년보다 324년이나 앞선다.
 일찍이 부처님께서는 은혜를 갚을 줄 아는 이가 되어야 한다 하셨다. 한 나라의 백성이라면 국왕의 은혜를 알고, 뭇 중생들은 부처님의 은혜를 알아야 함은 말할 것도 없다. 역사의 기록이 부처님의 진리가 전래되어 온 것을 밝히고 있음에도 우리는 진리의 가르침을 만난 은혜로움도 모르는 채 바보노릇을 하고 있는 것이다.
 불교의 전래 기록조차 큰 나라에 의지하여야 체신이 서는 민족, 왜놈들이 쓰다 남은 식민통치 굴레의 제도를 그대로 모방하여 쓰고 있으면서도 무엇이 잘못되어 있는지도 모르는 어리석음을 어찌할 것인가?
 1년이 13개월이 되기도 하고 11개월이 되기도 하는 양력에 눌려 우리 고유의 단기연호, 음력을 무시하는 오류를 다시한 번 생각해 보아야 한다. 우리의 것이 없다는 것은, 남의 것으로 인해 우리의 것을 빼앗겼다는 것은 조상의 은혜에 등을 돌리는 것이요, 부모님의 은혜를 저버리는 것이다.

요즈음의 세상이야 사람의 도리를 망각하고 은혜를 모르는 풍조가 만연한데 과연 어떤 연유로 이러한 세상이 되었겠는가? 참다운 우리 것을 잘 지킬 적엔 나라의 모습이 이렇지 않았다. 서양의 종교가 분별없이 밀려오고 중국과 일본의 물결로 허우적거리면서 생겨난 풍조라 해도 과언이 아니다. 서양의 종교는 한결같이 그들의 성경을 펴기 위해 부모도 형제도 윤리 도덕도 무시한 채 오직 당신의 교주만을 받드는 사상이 주류를 이룬다. 조상을 무시하니 제사도 없고 낳아주고 길러주신 부모님을 이교도라 하여 사탄이다, 마귀다 하며 몰아세우니 참 믿음이 무엇인가?

믿을 신信 자는 사람인人 자와 말씀언言자로 이루어져 있다. 사람이 사람의 말을 잘 듣고 믿는 것, 그것이 믿음이다. 사람의 말을 듣지 아니하고 하늘 귀신의 말을 믿고 그에 따르는 사람이 많아서 불신의 시대가 되었다고 한다면 과언일까? 사람의 말을 듣고, 사람의 가르침을 따르는 날이 어서 빨리 와야겠다.

세상 사람들이 믿음을 갖는 연유는 종교를 갖고 신앙생활을 함으로써 행복하게 살아가기 위함이다. 불교라는 종교로 하여 가정이 불화하고 부부가 예경하지 못하고 부모 자식간에 존경과 사랑이 파괴된다면 지금 당장이라도 불교를 버려야 바람직하다. 부처님의 가르침은 오직 인간이 겪고 있는 현세적 고통과 난관을 슬기롭게 이겨내어 즐겁고 행복한 삶이 영겁토록 이어지게 하는 데 그 본원의 뜻이 있기 때문이다. 부모의 은혜를 알게 하고 부부간의 화합을 알게 하고 인연되는 모든 이에게 기쁨을 주는 일, 그것이 부처님 일이다. 누구의 뼈인지도 모르는 한무더기 뼈 앞에서 부모님께 예경하듯 정성을 기울이는 모습으로 《부모은중경》이 설해졌고 《지장경》이 설하여진 배경을 들어보아도 그 뜻은 분명하다.

"저의 어머니는 소견이 삿되어서 삼보를 비방하며 헐뜯었고 설혹 잠깐 믿다가도 또 금방 공경하지 않았는데 돌아가신 지가 얼마 되지 않으니 다시 태어나신 곳을 알 수 없겠나이까?"
"효순한 자식이 있어 어머니를 위하여 공양을 베풀어 복을 닦아 부처님을 모신 탑과 정사(절)에 보시한 공덕으로 보살의 어머니만 지옥에서 벗어난 것이 아니라 이날 무간지옥에 있던 죄인은 모두 함께 천상에 태어나 행복을 누리게 되었다."
"이에 어머니를 구원해주신 부처님께 은혜갚는 서원을 세우시길, '바라옵건대 저는 미래겁이 다하도록 죄업을 짓고 고통받는 중생이 있다면 마땅히 널리 방편을 베풀어 행복하게 하겠나이다.'"

원력을 크게 세우고 죄업중생을 구제하시는 지장보살님께서도 지극한 효심의 발로로써 부처님 은혜 갚는 몸짓을 펼치신 것이다. 참다운 사람의 믿음을 가짐으로써 우리는 은혜를 갚으며 살아야 하겠다.

우리의 것을 하나하나 찾고, 서양의 종교가 발붙이지 못하는 굳건한 정신적 믿음을 찾고… 부모님을 위하여 어떻게 해 드리는 것이 참다운 효도인가 하는 것도 새겨 알 일이다. 살 집을 마련해 드리고 옷을 한 벌 더 해드리는 것이 효도의 전부는 아닐진대…. 진정한 의미의 효도는 부모님을 제도하여 윤회의 고통을 면하게 해드리는 것이라 했는데….

우리는 우리 부모님을 위해 무슨 원을 세웠는가?

살아계신 부모님이 재산이 있으니 유산을 받기 위해 봉양을 잘하다가 상속을 받으면 부모를 양로원으로 내쫓고, 조금 양심이 있으면 아파트 정도 마련해서 가둬놓고 살아계신지 돌아가셨는지도 모르는 버러지 같은 인간들이 너무도 많다.

어허! 사람은 없고 닭장만 즐비하도다. 세상이 아무리 어지럽다 하더라도 변함없이 새벽이 열리고 태양은 빛을 내뿜는다.

황망한 들녘과는 대조적으로 푸른 산빛이 싱그럽기만 하다. 제 모습을 잃고 헤매는 사람이 있을지라도 지장보살의 대위신력은 모두를 편안케 하리라.

대원본존 지장보살님의 눈물

　인연의 때를 맞추어 중생의 마음밭에 곡식을 심을 만하면 석가모니불은 출현하시며, 관세음보살님은 중생이 간절히 기도하고 엎드려 참회할 때 거두어 주신다 하지만 지장보살님께서는 언제 어느 때를 가리지 않고 중생이 괴로워 고통하는 길목에서 밤이고 낮이고 한순간도 중생의 곁을 떠나지 않으며 끝내 윤회의 쇠사슬을 벗어나게 하신다고 한다.
　고통받는 중생들 속에 섞여 그들과 함께하시면서 미처 인연이 닿지 못한 중생들까지도 온몸과 원력으로 비원悲願의 손길을 내미는 지장보살님. 지옥 문전에서 마지막 한 중생까지 다 제도하여야 성불하시겠다는 대원大願을 지녔기에 사바세계가 존재하는 한 그분의 눈에 눈물이 마를 날이 없다고 하는가 보다. 그러나 보살의 그 눈물은 우리 중생들이 기쁠 때나 슬플 때 감정적으로 보이는 눈물과는 근본을 달리한다. 중생공양이제불공양이라 부모에게 있어 자식을 사랑하는 마음처럼 보살은 중생을 어여삐 여겨 기쁨도 고통도 함께하는 무연의 눈물이며 대비의 눈물인 것이다. 그런 연유로 지장보살님의 명호는 그 원이 하도 크시기에 대원본존 지장보살님이라 한다.

그렇다면 지장보살님은 어디에 계신가? 보살의 행복과 삶의 뿌리가 오직 중생에게 있기에 그분은 중생의 삶 속에 계신다. 처절하게 사지가 찢기운 생명체의 생사의 갈림길에도, 교통사고 현장에도, 인간의 윤리 도덕이 쓰러진 암흑 속에도 나투신다. 성의 동물적 욕구 앞에 희생되는 귀한 생명들, 의사의 가위와 핀셋에 사지가 잘려가는 처참한 산부인과 병원에도 나투어 계시며, 막노동 공사판, 환락으로 물든 유흥업소 등 이 사바세계 어느 구석진 곳에도 계시지 않는 곳이 없는 것이다.

뿐만 아니라 석가모니불로부터 미륵불이 출세하여 성불하실 때까지의 부처님이 아니계시는 말법시대에서 고통받는 중생들의 구제를 부촉받았으므로 천상 아수라 인간 축생 아귀 지옥 등 육도의 그 어느 곳이라도 몸을 바꾸어 나타내신다.

지장보살님은 어떤 분인가? 그분의 사상은 이승二乘과 대립하여 그것을 배척하는 대승이 아니라 오히려 이승을 융화시키며 옹호하는 대승인 까닭에 보살이면서도 모양은 성문의 승형을 나투게 된다. 그것은 안으로는 보살의 대행을 지니면서도 중생을 제도하기 위해 임시로 성문의 모습을 하고 있으니 말세에 있어 파계까지도 감싸주면서 진정으로 참회하여 죄업을 소멸하도록 가르침을 주고 있는 것이다.

상법시대가 끝난 말법시대에 사는 박복하고 고뇌가 많은 중생들에게 먼저 지장보살을 예참케 함으로써 업장소멸을 한 뒤에 다시 몸과 마음을 청정하게 한 뒤에 대승보살계를 받게 하고 다음에 선정과 지혜를 수행하도록 한 것이니 참으로 우리들에게 일대 희망이 아닐 수 없다.

석가세존께서도 그의 어머니 마야부인을 위하여 설법하신 것을 연유하여 지장보살의 대원력은 손가락을 한 번 튕길 동안만이라도 지장보살님의 명호를 부르면 천만세의 죄업을 소멸할 수 있다 하셨다.

지장보살의 그러한 위신력은 오직 부처님 당신의 위신력에서 기인한 것이기에, 터럭만큼이라도 보살의 것은 존재하지 아니하고 부처님의 위신력이 있을 뿐이기에 결국 지장보살은 '제법실상'에 의한 진리의 절대성 앞에 '불佛'이 있을 뿐이다. 중생과 부처가, 성과 속이 둘로 차등되어지지 않고 완연한 평등이듯 부처와 중생이 둘이 아니며 지장보살과 부처님 역시 두 몸일 수 없다는 것이다.

"세존이시여, 염려하지 마옵소서. 미륵님께서 오실 때까지 어지러운 세상의 중생을 마지막 한 사람까지도 제도하지 않고는 성불하지 않겠습니다."라는 지장보살의 대원력은 부처님의 대비원력의 표상이다. 그래서 지장보살이야말로 그 사상으로 보나 원력으로 보나 모습으로 보나 계시는 곳으로 보나 이 세상 우리들의 보살 모습이라 하겠다.

현대사회, 즉 이 말법시대에서 참으로 보살이 가슴 아파하며 눈물이 마르지 않는 현장 중의 하나가 산부인과 병원일 것이다. 열 달이면 사람이 될 것인데, 그 어렵고 어려운 사람 몸 받아오기까지 얼마만한 고초를 겪었는데 무참히 짓밟히는 생명을 보시며 그 곁을 떠나지 못하신다. 부모가 자식을 버리고 죽음으로 몰아넣는 죄고 앞에서 그 죄업을 소멸케 하고자 끊임없는 몸짓으로 나투어 계심을 알 일이다.

흔히들 병마에 찌든 고통, 실패와 좌절에 제 정신을 잃어가면서도 원망만 할 뿐 자신의 죄업을 알지 못하는 이들에게 안타까이 손을 내밀고 계심을 알아야 할 것이다. 시름시름 병명도 모르고 불안과 공포에 몸서리친다면 '왜?' 하는 의미를 돌아보고 빨리 그 죄업을 소멸할 길을 찾아야 한다. 원인이 없는 결과가 있을 수 없고 짓지 아니한 업보가 나타날 리 있는가? 냉정하게 스스로의 삶을 재조명하여 어린 영혼을 해한 죄업을 뉘우치고 반성한다면 그 어떤 고통도 치유될 수 있음을 간곡히 설파한다. 지장보살님의 자민하심이 여기에 있음을 모르는 이들이 너무나 많다. 그분의 가르침과 대비심을 조금이라도 헤아려 참회하고 다아간다면 어떠한 죄업도 소멸되고 엄청난 고통이 봄눈 녹듯 사라질 것이다.

이 얼마나 은혜로운 가르침이겠는가? 전생부모, 현생부모, 자신과 자식들, 죽어가는 생명, 이미 죽은 망자…. 그 어떤 중생도 고통에서 구해 주시는 대원본존 지장보살님, 그분의 눈에 눈물이 멎을 날은 언제인가? 그날이 올 수는 있는 것인가? 아득히 피어오르는 아지랑이를 그리는 마음으로 굳어버린 뭇 생명이 지장보살님께로 나아가길 발원하며 지장신앙으로 삶의 세월 희망봉이 되옵길.

열린 마음, 밝은 마음

　사람은 늘 반가운 마음으로 만남을 가져야 한다.
　천하의 누구를 만나더라도 그리운 마음, 보고 싶다는 마음으로 그리움이 어울려 넘쳐나고 즐거워야 한다.
　누구를 만나더라도 기쁘다면 세상을 잘사는 사람이다.
　미운 사람을 만나면 늘 마음에 상처가 남는다. 상처가 크면 클수록 삶은 힘들어진다.
　《법화경》의 상불경보살은 만나는 사람마다 '그대는 부처님입니다. 그대는 보살입니다. 그대는 나의 스승입니다.'라고 외쳤다.
　바로 이런 마음이 열린 마음이고 열린 마음이 해탈심이다. 해탈심은 벗어난 마음, 허물없는 마음, 티없는 마음으로 이런 마음일 때 우리의 삶은 자유로운 삶이 된다.
　열린 마음을 우리에게 선물해 주신 분, 석가모니 부처님.

부처님 은혜 갚기 위해 즐거운 마음으로 세상을 살아가야 한다.

기도하다가 다리가 아프면 '업장이 소멸되는구나' 가슴이 답답하면 '밝은 기운이 샘솟기 위해 그러는구나'하며 모든 것을 감사하게 여기는 마음, 바로 이것이 깨달은 마음이다.

자비심, 불심으로 가득찰 때 지혜의 마음이고 밝은 마음이다. 자비심으로 세상 사람들을 내 자식처럼 보아야 한다.

이렇게 될 때 내일의 행복을 성취하게 된다.

넉넉한 차생활, 자연스런 차문화

"차茶를 즐겨 마시는 민족은 흥하고, 술을 즐겨 마시는 민족은 망한다."

다산 정약용 선생께서 차에 관해 남기신 말 중의 하나다.

한 생각 놓치면 뭐라도 터질 것 같은 무더운 날씨에 찬 음료수 대신 따끈한 차를 마시니 어느 새 더위는 달아나고 문득 이 말이 생각난다.

여름 한철, 덥다고 헉헉거리고 더위 피한다고 동분서주하지만 조선천지 어디에도 덥지 않은 데가 없다.

어느 신문기자가 산사의 큰스님을 찾아뵙고 이렇게 더운 여름에 도 닦는 스님께선 어떠시냐고 물으러 갔다.

땀을 뻘뻘 흘리며 산을 올라서는 뭔가 특별한 말씀이라도 들으려나 기대한 신문기자의 물음에 "기자 양반은 어떻소? 나는 더운데" 하셨다.

'나는 덥다'

여름이니 당연히 덥지 않느냐는 큰스님의 말씀.

도인이라 하여 더위를 잘 보내는 특별한 비법을 기대했던 신문기자는 그만 입을 다물었다는 후담이다.

작년, 그러니까 9월쯤이었던 걸로 기억된다.

어느 여불자님 한 분이 내게 '다우회'를 지도해 주십사며 수출공단 내 근무하는 직장 미혼여성들이 주축이 되어 '차'를 함께 나누고 친목을 다져온 모임을 소개하였고, 법당에서 법회를 보고 싶어하는 뜻을 전해왔다.

전통이라면 유행 지난 옷가지처럼 터부시하고, 우리 고유의 정신문화가 천시당하는 때 옛 선인들이 즐겨 마시던 전통차를 마시는 모임인지라 선뜻 승낙을 했다.

막상 승낙은 하였으나 처음엔 무척 난감하고 무엇을 어떻게 지도해야 할지 '이거 내가 수행자로서 실언을 했나'하는 생각으로 자신을 책망했다.

차에 관한 특별한 알음알이도 없이 그저 차를 좋아한다는 재산이 있을 뿐인 내가 처음 차를 알게 된 건 지금부터 15년 전 강원도 화천 대성사 연화불교학생회 지도법사로 있을 때다.

해인사 청소년 수련대회에 참석하여 20여 명의 학생들과 수련대회를 회향하고 난 뒤 해인사 승방에서 하루 더 묵어가게 되었고, 아침공양 후에 스님들께서 마련해 주셨던 다식, 다관에다 차를 몇 번 우려내어 차를 돌리는데 그 찻잔이 그야말로 각양각색이었다. 몇 개 정도가 그런대로 찻잔 형태를 갖추었을 뿐 나머지는 투박한 그릇 형태 그대로였던 그 모습이 너무 자연스러웠고 넉넉해 보인 산사의 아침을 난 지금도 쉽게 잊을 수 없다.
 그 당시도 여름이었다. 그때를 생각하면 아무리 더워도 선풍기를 물리고 해인 성지에서 불어오는 맑은 바람을 기억하며 더위를 이기곤 한다.
 못내 무학산을 떠날 수 없어 마산에 머물면서 공무원과 직장여성들, 그리고 젊은 여성불자님 20여 명이 모여 차를 마시는 모임에 나아가 어깨 너머로 차 달이고 마시는 법을 배웠지만 당시만 해도 전통차에 대한 인식이 거의 없을 때였으므로 시내에서는 전통찻집을 찾기 어려웠다.
 누구나 처음 차를 마시는 사람이라면 느끼는 것이겠지만 옛날 시골에서 소에게 먹일 여물 끓이는 맛 같다고 느끼던 그때를 생각하면 괜스레 헛웃음이 나는 것은 누군가 차 마시기 힘들면 설탕을 타 먹으면 된다는 말에 몇 달 정도는 멋모르고 그렇게 차를 마셨던 기억 때문이다.
 본래 관습적인 것을 꺼리는 사람이라 한복을 곱게 차려 입고 단아하게 앉아 세작일수록 찻물의 온도를 낮게 해야 한다든가 찻잔을 두 손으로 받쳐 들고 무릎을 꿇고 앉아야 한다든가 하는 등등의 까다로운 관습과 절차들에 얽매이는 것이 싫었다.
 '차'를 배우는 입장이었을 땐 별수없이 그렇게 해야되나 보다 하고 따라하였으나 지금의 차 마시는 습성은 그러한 틀을 벗어나 있다. 온통 까다로운 모습들을 훌훌 벗어나 물의 속성처럼 친한 벗이 되어 격의없이 차를 즐길 뿐….
 차맛을 알고부터는 대용 음료를 줄이고 요즘처럼 무더운 날씨에도 차가운 음료보다는 따끈한 차 한 잔을 가까이한다.

세월이 흐름에 따라 전국적으로 차인회가 조직되고 내가 머무는 마산 창원 지역만 해도 일반인이 자주 출입하는 전통찻집이 여남은 곳이 되었고 차 인구가 점점 늘어나는 추세는 여간 반가운 일이 아닐 수 없다.

다산 선생의 말씀처럼 이러한 찻집이 더 많이 생겨나고 차를 마시는 백성들이 점점 더 많아지길 바라는 마음이야 차를 아끼는 사람들의 공통적인 바람일 것이다.

전통예법에 의거하여 차를 우려내는 단아하고 정갈한 모습도 좋지만 일반 대중에게 비치는 차인의 모습은 대중성이 결여되어 있다는 느낌을 받는 것은 내 개인적인 생각일까?

차를 접하기 어려운 이들에게 차에 대해 특별한 애정을 가진 이들이 그 인연을 평상으로 지어갔으면 한다.

차를 많이 마시는 백성이 나라를 부흥하게 한다는 말처럼 더 많은 이들이 차와 친할 수 있도록 배려한다면 맑은 차의 심성처럼 맑은 나라의 인심을 회복하리라는 생각이 든다.

조금은 투박해 보이더라도 남비에 차를 달여내고 커피잔에라도 간단히 차를 내올 수 있는 자연스러움, 다기가 없어 차를 마시지 못한다는 애석함이 없이 차와 친해진다면 그러한 모습을 솔선하여 보여주는 것이 차를 보급하는 차인의 넉넉함이 아닐까? 차를 마시고, 모임의 일원이 되는 것이 무슨 특별한 훈장인 양 여겨서는 차가 국민음료가 되는 데 큰 장애가 된다.

우리의 옛 선인들이 숭늉마시듯, 산사의 수행자들이 공양 뒤에 다식으로 즐기듯 풋풋한 차생활, 정감어린 차생활이 되어야겠다.

달이 차면 기울고

부처님께서는 이렇게 말씀하셨다.

악한 사람 백 명에게 밥을 먹여주는 것보다
착한 사람 한 사람에게 밥을 먹여주는 것이 낫고
착한 사람 천 명에게 밥을 먹여주는 것보다
오계를 지키는 사람 한 명에게 밥을 먹여주는 것이 낫고
오계를 지키는 사람 만 명에게 밥을 먹여주는 것보다
수다원과를 이룬 한 사람에게 밥을 먹여주는 것이 낫다.
　　…중략…
벽지불 백억 명에게 밥을 먹여주는 것보다
삼세제불 한 사람에게 밥을 먹여주는 것이 낫고
삼세제불 천억 명에게 밥을 먹여주는 것보다
생각도 없고 구함도 없고 닦지도 아니하고 증득하지 않는

한 사람에게 밥을 공양함이 낫다.　　　　　-사십이장경-

　악한 사람 백 명이 착한 사람 하나를 이길 수 없음을 역설하신 말이다. 세상이 어지러워질수록 '정의'라는 단어가 자꾸 그 빛을 잃어가니 이런 때 그분의 말씀은 언제나 희망을 준다.
　해방 전후의 어지러운 현실에서 나라의 안녕을 기원하며 노심초사하셨고, 나라를 빼앗긴 암울했던 식민지 시절, 독립을 위하여 생명을 거셨던 백범 김구 선생께서 '크고 작은 일은 반드시 옳은 것으로 돌아간다'라고 하신 가르침을 기억해내며 참으로 희망을 가져본다. 거짓과 패악이 난무하는 이 시대에 새겨야 하는 어김없는 도리….
　세상이 아무리 변하고 시대가 아무리 어려워도 인간의 간악함이 세상의 큰 도리를 거스르진 못한다. 또 그리된 예는 없다. 일시적으로 세상이 뒤집혀 보이긴 하여도 세월이라는 흐름 속에 어김없이 제자리로 돌아오곤 하였다.
　'법法'
　도리라는 것은 흐르는 물과 같아서 세상사 모든 이치가 물의 속성에 맞물려 가는 것이며, 사람의 마음 물결이나 물질의 흐름도 예외가 될 수 없다.
　부처님의 말씀에 배어있는 가르침 또한 그러한 도리에 입각하고 한치의 오차도 없다.
　밥 한 그릇을 베푸는 데에도 아무렇게나 할 것이 아니라는 것, 그 대상과 베푸는 자의 마음 씀씀이에 따라 무서운 인과가 따라다니며 옳고 그름의 차별에 대하여서는 티끌만큼의 어긋남이 없는 것이다. 그럼에도 우리 어리석은 사람은 소유욕의 노예가 되어 평생을 그렇게 고통 속에 한스런 삶을 산다.

몸이 병들어 있어도 병원만 찾을 줄 알았지, 왜 병들었는지, 왜 이렇게 신음하며 고통스러운지 그 원인을 찾으려 하지 않는다.

몸의 기류가 그러하고, 마음의 기류가 물과 같이 흐르지 않고 고이면 썩는 것과 같이 금전 역시 그렇다. 흐르지 않고 머물러 있으면 썩어 독한 냄새가 난다. 금전의 썩는 모습이 몸을 병들게 하고 가정이 불화하고, 졸지에 죽음을 당하여 원인모를 병에 걸려 고통받거나 자식이 패륜아가 되는 등 상상하기도 어려운 일들이 일어나게 된다.

돈은 버는 데 그 목적이 있는 것이 아니라 잘 쓰는 데 목적이 있다. 최소한 가정 생계의 방편이 된다면 이웃과 사회를 이익되도록 베풀어야만이 돈의 기류를 흐르게 하고, 세상이 썩지 않고 건강하게 된다.

옛말에 '돈을 정승처럼 써라' 하였다. 돈을 숨통 트이게 한다고 베풀면서 내 생색내고 명예를 사기 위함이거나 더 많은 이익을 따져보고 베푸는 행위를 하면 정승이 되지 못한다. 그것은 더 가지기 위한 수단일 뿐이지 베풂이 아니기 때문이다.

누울 자리를 보고 다리를 뻗으라 했듯 어느 곳에 적절히 베풀어야 할 것인지 지혜롭게 살펴야 한다. 조금만 베풀어도 만세의 복전이 될 만한 공덕장이 되어야 한다.

꼭이 물질이 아니라 사람의 따스한 마음을 베푸는 데에도 참으로 필요로 하는 곳에 순수하고 맑은 의미의 그것이라야 한다.

'무주상보시'

대가를 바라지 않고 공양을 올리고 보시를 하자. 불자라면 부처님의 가르침에 의지하고 삼보를 수호하는 맑은 이를 위해 공양을 올려야 할 것이다.

수행을 하는 이라면 일체중생의 안락과 기쁨을 위하여 수행에 전념함이 참다운 공양일 것이요, 수행이 부족하면 재물이라도 순수한 마음으로 공양 올리는 것이 부처님을 기쁘게 하는 일일 것이다.

중생이 물질로써 세상을 산다면 보살은 정신으로 세상을 산다. 중생이 더 많이 가지려고 세상을 산다면 보살은 더 많이 베푸는 것으로 세상을 산다. 중생은 탐욕의 고통을 만들어 고통 속에서 세상을 살아가지만 보살은 탐욕의 굴레를 벗어나 고통을 소멸하며 세상을 살아간다.

어느 한 정치가는 '내가 이 나라 제일인자 되어 한국병을 치료하겠노라' 선언하였다.

그러나 그 말의 뒷면에 권력에 대한 욕심이 가득하므로 그 자신이 한국병을 만들고 더 곪게 하는 결과밖에 되지 않을 거라고 여겨진다.

그로부터 한국병이 출발하는지도 알 수 없다. 재물을 한 번 잘못 쓰면 자신을 죽이고 나라를 죽이는 독침이 될진대 참으로 병을 고치려 한다면 권력과 재물에의 욕심, 그 독침을 던져 버려야 마땅하다.

물질이거나 마음이거나 정승처럼 값지고 귀하게 사람을 살리는 일에 올바르게 쓰여지는 것, 그것이야말로 참다운 공양이요, 보시인 것이다.

내가 번 돈인데 어디에 쓰건 무슨 상관이냐는 억측은 이제

버려야 한다.

하나의 편리를 위해 별장을 짓고 놀이터를 만들지 말라. 그로하여 내 뒤통수를 칠 무서운 인과를 알아야 한다.

물이 흐르는 진리, 그것은 한 번도 역행하지 않는다. 다만 어리석은 우리 눈에 일시적으로 거꾸로 가는 것처럼 보일 뿐이다.

한때 천하를 희롱하던 진시황의 비참한 최후를 보라. 가까이에 저 연산군과 이승만 대통령 역시 그 삶이 다르지 않다. 백성이 내 손에 있다하여 쉽사리 여긴 과보를 누구도 대신하지 않음을 우리는 보고 있지 않은가?

언제나 생각할 줄 알고, 희망이 있음을 알아 세상의 기류를 맑게 정화시키자.

달이 차면 기울고, 해가 지면 또 다시 해는 떠오를 것이니….

엄마! 나 고매 안물끼다

　지난밤에는 가뭄 끝에 단비가 온다더니 아니나 다를까 밤잠을 설칠 만큼 요란한 기세로 비가 내렸다. 아무리 추운 겨울이라 해도 봄의 기운을 이기지 못하듯 굵은 빗줄기에 메마른 땅이 해갈되겠구나 싶어 기뻤다.
　농사를 걱정하는 마음으로 비를 기다릴 때, 그 찌든 가난의 날들이 언제였나 할 정도로 사치와 환락에 빠져있는 요즘 사람들을 눈으로 보고 느끼면서 내 어린시절 생각이 났다.
　비만 오면 물이 불어나 그 물이 미처 강으로 흘러가지 못하고 모내기 한 논이 흥건히 잠겨버리던 가난한 동네. 불과 24~25년 전 우리나라 전체 인구의 3분의 2 정도가 농민이었을 당시 배고픈 설움은 흔한 일이었다.
　밥이나 실컷 먹어봤으면 소원이 없겠다던 시절. 우리네 어머니 할머니들은 먹여만 주면 기꺼이 시집을 갔고 먹는 것만 해결된다면 모든 게 만족스럽고 행복했고 부러운 게 없었다.

10리 길은 족히 될 거리를 책보따리 둘둘 말아 허리에 차고 걸어서 다니던 시골 국민학교. 책보따리 안에 책이라야 형이나 이웃 선배가 보던 헌책 몇 권에 누런 공책, 그것도 없어서 비료포대를 잘라 써야 했던 어린시절, 찢어지게 가난했던 그 날들이 새삼 아프게 기억된다. 그래도 돌이켜보면 그 시절이 사람 사는 시절이었는데….

"엄마, 밥줘. 나 고매(고구마) 안 물끼다."

나의 철없는 응석에 어머니는 미안해 하며 대답하신다.

"올(오늘)만 고매 무몬(먹으면) 내일은 밥 줄께."

밥이라야 보리밥에 쌀이 몇 톨 보일 듯 말 듯한 밥이지만 그 밥이 얼마나 먹고 싶었던가?

어머니 말씀에 더는 말도 못하고 고구마와 물김치를 먹어야 하지만 어떤 땐 몇 번씩 더 보채다가 아버지의 불호령을 만난 때도 있었다. 금방이라도 때릴 기세로 "배 부른 소리 마라." 하시면 눈물 콧물 훌쩍이며 고구마를 베어먹고 자란 시절.

철없는 떼에 못이겨 내일은 밥을 주리라시던 어머니는 다음 날도 그 다음날도 고구마를 저녁끼니로 주셨다.

집에서 책이라도 보고 있으면 아버지는 나를 불러 들로 데리고 나갔다. 바람이 불어 스친 자리에 고추나무 쓰러진 것을 일으켜 세우거나 감나무 밑에 떨어진 땡감을 줍기 위해서이다.

눈이 찌푸려지는 땡감을 소금물에 절여 맛나게 먹었고, 오뉴월 염천 아버지는 그 좋아하시던 막걸리 대신 찬물에 사카린을 타서 손가락으로 휘휘 저어 마시던 모습이 눈에 아련해 온다.

어린 자식 밥 달라고 보챌 때 밥 대신 고구마로 저녁을 주며 '내일은, 내일은' 하며 거짓으로라도 자식을 달래신 우리 엄마. 길지 않은 세월 속에 그때의 엄마 나이, 아버지 나이가 된 지금에야 그 아픈 뜻을 헤아릴 수 있게 되었으니, 그 부끄러움으로 재현되어 오는 엄마의 아픔 때문에 자꾸만 뜨거운 눈물이 앞을 가린다.

당신은 얼마나 굶고 사셨을까? 당신은 몇 해나 찬물로 허기를 채우셨을까? 그런 인고의 세월이 없었다면 어떻게 오늘의 풍요로움이 있을 것인가?

요즈음은 먹을 것이 넘쳐난다. 아이들은 부족한 것이라곤 모른다. 먹을 것이 귀하다는 생각은 꿈에도 해보기 어려운 요즘 아이들에게 보리밥이라도 실컷 먹고 싶었던 때가 있었다는 얘기는 너무 동떨어진 얘기인 것이다.

어쩌면 그들이 가장 불행한지도 모른다.

지금의 기성세대들은 그래도 배고픔을 알고, 부모 무서운 줄도 알고 자랐다. 옛 어른의 은혜로 절약하고 음식 소중한 것을 알고 살았다.

요즘은 오히려 아이들 비만을 걱정해야 하고 방학이면 어디 여행이라도 시켜줘야 하는 게 부모의 도리라 한다니 세상이 이렇게 변할 수가 있는가?

그만큼 잘살고 있는데 무슨 소리냐고 할지 모르나 재물이 풍족한 데 반비례하는 정신의 빈곤이 안타깝다.

우리의 아이들은 친구가 없다. 부모라는 사람들이 공부라는 올가미로 아이들을 죄다 묶어 놓고 이웃 아이가 '놀자'하면 역정부터 낸다. 친구도 모르는 가엾은 아이들이 자꾸만 맑음을 잃어간다.

'동무 동무 씨동무 보리가 나도록 씨동무'

친구들과 어울려 부르던 이런 노래를 이제 어디에서 들어야 하나?

엄마를 찾고 엄마의 손에 자라야 할 아이들은 학교에서 돌아오면 현관 열쇠로 스스로 문을 열고 엄마가 나가면서 주고 간 돈으로 끼니를 해결할 때 엄마라는 사람들은 무엇을 하는지.

또 아버지의 위치는 어떤가?

아이들 과자 부스러기라도 남부럽지 않게 사주겠다고 흐르는 땀도 마다않고 기계를 돌리고, 책상머리에 앉아 다리가 저리고, 나이 적은 상관에게 이놈 저놈 소리를 들어 속이 내려앉아도 집으로 돌아오면 위로해 줄 사람이 없다. '남보다, 남보다' 하면서 무능한 남편이라 바가지 긁는 아내가 있을 뿐이고 '아빠, 용돈'하며 단풍잎 같은 손을 벌리는 자식이 있을 뿐이니, 어느 남자라서 집에 가고 싶을 것이며, 술집에서라도 지친 몸을 쉬고 싶은 생각이 들지 아니하랴.

이렇게 변한 것이 불과 30년도 채 못되었다.

하루 끼니 걱정으로 쌀 한 주먹도 나누어 남편 밥을 준비하던 아내의 정성은 어디로 증발했는지.

2~3리 거리의 우물에서 물을 길어 아이와 남편을 위해 아침을 준비하던 여인들의 정성은 구닥다리 옛 이야기로 내다 버린 것 같다.

물질의 풍요, 정신의 빈곤.

이젠 이 가슴 아픈 현실에 눈을 돌릴 때가 되었다.

불교를 신앙하는 이라면 이러한 세상을 바로 보고 닥쳐온 장애를 슬기롭게 극복해야 한다. 눈앞의 이익에 눈멀어 투쟁하지 않고 양보하며 복을 저축할 줄 알아야 한다.

자식 교육에 있어서도 국민학교 때 일등보다는 중학교에서 일등을 내다봐야 하고 중학교 일등보다 고등학교에서의 일등, 나아가 대학의 우수한 학도가 되도록, 더 나아가 사회와 조국에 어떻게 헌신하고, 만 백성의 빛이 될 것인가를 가늠하여 가르쳐야 한다. 지식을 배우지 말라. 또는 공부를 가르치지 말라는 얘기가 아니라 지식의 노예로 만들지 말라는 얘기이다.

미래의 동량들에게 학업에 대한 분명한 목적과 인생의 올바른 가치관을 심어주는 것이 무엇보다 급하다. 공부는 인격을 연마하는 방법이지 목적이 아님을 알아 가르치는 것이 우리 어른들의 할일이다.

의상스님의 〈법성게〉에 '하나는 모두이고, 모두는 하나이다'란 가르침이 있다. 하나라도 똑바로 가르치면 모두를 얻는다.

어려움을 모르는 어려운 세상.

아픔을 피해 사는 안락의 추구는 마약이라 끝내는 자신을 죽이고 남도 죽인다. 편리의 추구가 얼마나 많은 생명을 죽이고 생태계를 파괴하고 있는지 눈으로 번연히 보고 있지 않는가?

엄마는 엄마의 자리를 아버지는 아버지의 자리를 지키고 자식을 가르쳐서 우리의 아이들을 건강하게 키우자.

지난날의 가난이 주는 인생의 값진 선물.

난 종종 이런 말을 한다. '내 인생에 가난보다 더 큰 선물은 없다'고. 철저하게 가난했던 시절의 아픔, 어머니의 교훈이 지금 나의 삶을 가능케 했고 보살의 길을 걷게 했던 근본적인 동기가 되었기 때문이다.

　어머니가 자식에게 고구마를 저녁 끼니로 주며 내일은 밥을 주리라는 희망으로 키워주신 은혜를 어느 하늘 아래에서 갚을 수 있을까?

　나약해지고 힘겨울 때, 사치와 세속의 욕망이 유혹의 손길을 뻗칠 때 초연히 대처할 수 있는 힘은 어디에서 나오는가?

　게으름과 현실 안주에 발목이 잡히려 할 때 가슴팍을 파고드는 말, 내 어머니의 가슴에 안겨준 철없던 말 한마디는 "엄마, 나 고매 안 물끼다."

　아, 어머니—

　빈 하늘 바라보며 오늘도 나는 수행자의 길을 갑니다. 어머님께 드린 불효한 말 한마디의 빚을 채찍삼아 인간의 윤리가 땅에 떨어져 허둥대고, 정신이 죽어가는 현장에서 수행하고 포교하는 길을 갑니다.

　고통의 늪에서 들려오는 생명의 소리를 들으며 정신이 죽은 그 자리에 정토의 보탑 세우고, 미륵의 붓다를 가슴에 안아 수행자의 본분사를 따라갑니다.

글쓴이 : 자 원 스님

금강정토사·현불사를 창건했으며 직장불교운동본부·원효불교학당·
우리 차 모임·월영사·관해사·대성사의 지도법사로서 10여 년간
금강경 독송 모임 신행지도, 지장참회도량을 설립하여
불교 신앙의 대중화·생활화를 실현코자 정진하고 있다.

> 저자와의
> 협약에 의해
> 인지 생략함

절로 절로 저절로

1997년 3월 7일 초판 1쇄 발행
2007년 5월 25일 초판 3쇄 발행

지은이 | 자 원
발행인 | 김동금
발행처 | 우리출판사

주 소 • 서울특별시 서대문구 충정로3가 1-38호
등 록 • 9-139
전 화 • (02) 313-5047 · 5056
팩 스 • (02) 393-9696
E-mail • woribook@chollian.net

ISBN 978-89-7561-083-7 03220

정가 8,000원

* 잘못 만들어진 책은 교환해 드립니다.